MEMOIRE

POUR Dame ANNE-ROSE CABIBEL, veuve CALAS, & pour fes ENFANS. Requêtes de l'Hôtel au Souverain.

IL n'exifte donc plus ce Jugement terrible qui offenfoit la Juftice & dégradoit la Nature ! Deux Arrêts folemnels rendus avec le plus profond examen, avec le plus augufte (1) concours, avec la plus honorable unanimité, ont porté d'avance dans tout le Royaume & dans l'Europe entiere la juftification d'un pere malheureux, ont appris aux Nations étrangeres que parmi nous l'innocence méconnue devient la caufe de tous les Citoyens, & que le Prince lui-même daigne lui préparer des vengeurs.

Quels vengeurs que des Juges qui, déja deux fois inftruits par le rapport (2) le plus lumineux,

(1) Il y avoit quatre-vingt-fix Juges lors du dernier Arrêt.

(2) Fait par M. Thiroux de Crofne, Maître des Requêtes.

A ij

ont connu toutes les parties de cette affaire, en ont faisi toutes les faces, & n'ont plus qu'à suivre aujourd'hui cette conviction, qui, lors même qu'ils n'avoient à prononcer que sur la forme, pénétroient leurs ames de l'innocence des accusés, & entraînoit leurs suffrages !

Aussi ne reprendrons-nous point devant eux ce Procès immense, dans lequel jusqu'à cent quarante-neuf témoins ont été entendus. Les examens déja faits par ces Magistrats éclairés, les connoissances qu'ils y ont prises, nous rendent cette discussion superflue. Elle seroit même, disons-le hautement avec cette persuasion que la vérité nous inspire, elle seroit une injure pour la mémoire de cet homme de bien, que la pureté de sa vie, que l'héroïsme de sa mort défendent bien mieux que nos discours : elle seroit une injure pour cette famille vertueuse, qui, des extrémités du Royaume, & même du sein d'une Domination étrangere (3), est venue demander à son Roi, pour toute grace, des prisons & des fers.

Mais nous voulons seulement saisir dans cette affreuse affaire quelques points frappans qui soient comme autant de traits de lumiere, & qui con-

____

(3) Geneve, d'où Pierre Calas est parti pour venir se mettre en prison avec sa mere & les autres accusés.

MEMOIRE

POUR DAME

ANNE-ROSE CABIBEL,

VEUVE CALAS,

ET

POUR SES ENFANS,

SUR LE RENVOI AUX REQUÊTES DE L'HÔTEL

AU SOUVERAIN,

ORDONNÉ PAR ARRÊT DU CONSEIL DU 4 JUIN 1764.

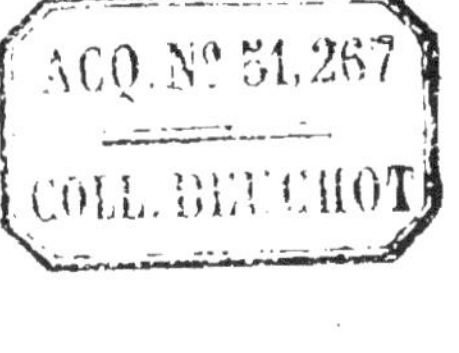

A PARIS,

DE L'IMPRIMERIE DE LOUIS CELLOT,
Rue Dauphine.

M. DCC. LXV.

firmant encore la certitude d'une innocence avérée, montrent à nos Concitoyens & à nos Juges jufqu'où le fanatifme a porté fes excès. Puiffent ces excès mêmes, médités de fang froid, détruire à jamais fon empire, & l'infortuné Calas être dans ma Patrie fa derniere victime ! Puiffe ce tableau faire couler les pleurs de celui qui a caufé tant de maux, & le porter à expier de lui-même (fi quelque réparation le peut faire) fes perfécutions contre une famille dont la ruine eft fon ouvrage !

PREMIERE PREUVE.

Marc-Antoine Calas étoit vraiment Proteftant lors de fa mort, & n'avoit jamais été maltraité par fes parens pour caufe de Religion.

Cette propofition toute feule, préfentée en preuve, annonce quel efprit a dirigé toute l'accufation ; car, que Marc-Antoine fût ou Proteftant, ou prêt à devenir Catholique, quelle conféquence peuvent tirer des hommes raifonnables, d'un changement de croyance à un parricide ?

Toutefois l'hypothefe que Marc-Antoine a été affaffiné en haine de fa converfion prochaine, a été la bafe de toute l'inftruction contre les accufés.

A iij

Les questions qui leur furent faites d'office à l'Hôtel-de-Ville, en offrent une premiere preuve.

Une autre résulte de l'article premier du *brief intendit* donné par le sieur Pimbert, Avocat du Roi en la Jurisdiction des Capitouls, qui porte : « Si les témoins savoient, pour avoir vu ou en- » tendu, que le sieur Calas pere & son fils cadet » sachant que son fils Marc-Antoine *devoit faire* » *abjuration*, l'avoient menacé dans plusieurs occa- » sions de le tuer, en lui disant qu'il n'auroit » d'autre bourreau qu'eux ; SI A RAISON DE CE, » ayant conçu de l'inimitié contre lui, lesdits » sieurs Calas pere & fils cadet ne le maltraitoient » journellement ».

Enfin les articles 1 , 2 , 3 , 4 & 7 du Monitoire font porter les prétendues souffrances de Marc-Antoine & sa mort sur cet unique fondement.

De-là il résulte que si l'on a cru pouvoir élever là-dessus tout l'édifice de l'accusation, en renver-sant ce fondement chimérique, l'accusation tombe du même coup.

Or que Marc-Antoine fût vraiment Protestant, c'est ce dont le Procès & les faits articulés offrent les preuves positives & négatives les plus incon-testables.

PREUVES POSITIVES.

Marc-Antoine n'avoit pu finir son Droit par défaut d'un certificat de catholicité ; n'ayant pu l'obtenir du Curé (4) de sa Paroisse, il avoit essayé de se le ménager par quelques actes apparens, mais jamais par aucun acte de confession & de communion.

De tels actes lui répugnoient tellement, qu'il avoit renoncé au parti du Barreau pour prendre celui du Commerce ; sur quoi même il y avoit eu une proposition de société entre lui & le sieur Leroux, Marchand à Uzès, en Juillet & Août 1761.

Au mois de Juillet 1758 il avoit (5) assisté à une assemblée Protestante près de Mazamet, il y avoit présenté un enfant qui fut baptisé par un Ministre ; il y avoit aussi fait la Cene.

A Noël 1760 il assista (5) à une semblable assemblée à Brassac.

Le 18 Janvier 1761, Marc-Antoine écrivant au sieur Cazeing, lui parloit avec indisposition sur

____

(4) Voyez la réponse de ce Curé à une sommation précise qu'on lui fit pour suppléer l'omission de l'avoir fait entendre.

(5) Faits justificatifs articulés. Faits prouvés au Procès.

A iv

la converſion de ſon frere : « NOTRE DÉSERTEUR, » lui diſoit-il, nous tracaſſe ; il veut faire contri-» buer, & il agit par force : ceci ſoit dit entre » nous ».

Au mois de Juin 1761, Marc-Antoine s'étant trouvé chez le ſieur Chalier, Avocat, ſon ami particulier, avec le ſieur Chalier, Prêtre, frere de celui-ci, la converſation s'engagea ſur la Religion; le Prêtre lui fit les argumens les plus forts : mais jamais Marc-Antoine (qui eût pu cependant s'ouvrir en ſûreté avec eux) *ne voulut convenir de rien.*

Vers ce même tems un Magiſtrat du Parlement de Toulouſe (6), auteur de la converſion de ſon frere, ayant voulu entreprendre la ſienne, lui fit pluſieurs objections preſſantes, ſur leſquelles Marc-Antoine demanda à réfléchir mûrement ; puis il revint quelque tems après lui déclarer que le fruit de ſes réflexions avoit été de l'affermir plus fortement dans la foi de ſes peres.

Le même mois de Juin 1761, Mᵉ Baux, qui venoit de ſe faire recevoir Avocat, lui ayant demandé s'il n'en feroit pas bientôt autant, Marc-Antoine répondit « qu'il regardoit la choſe comme » impoſſible, ÉTANT TROP CONNU ; & QUE NE

____

(6) M. de la Motte, actuellement à Paris.

» VOULANT PAS FAIRE DES ACTES DE CATHOLI-
» CITÉ, IL Y AVOIT RENONCÉ ».

Au mois de Juillet 1761, Marc-Antoine assista à un enterrement Protestant hors des murs de Toulouse ; & naturellement plein de feu, il prit de cette cérémonie l'occasion d'une très-forte exhortation qu'il fit sur le champ à tous les assistans sur l'excellence de leur croyance.

En différens tems Me Chalier & Marc-Antoine s'étant entretenus de Religion, celui-ci en avoit parlé avec tant d'enthousiasme, qu'il avoit été jusqu'à dire que « *les Ministres étoient bien heureux* » *de mourir pour leur Religion, qu'il envioit leur* » *sort* ; que souvent le dessein lui étoit venu d'aller » à Genève pour se faire recevoir Ministre, & » revenir ensuite expirer sur un échaffaut, en prê- » chant les Religionnaires du Royaume ».

Le 28 ou le 29 Septembre 1761, quatorze jours seulement avant sa mort, étant venu voir Maître Chalier, au sujet du départ d'un ami commun, il lui parla de quelques jeunes gens de commerce qui passoient pour aller à la foire de Bordeaux, lui dit qu'ils étoient fort heureux, qu'il n'en étoit pas de même de lui qui ne pouvoit rien faire, son père ne pouvant ni lui donner des appointemens, ni l'associer à son commerce trop

borné, ni le mettre en société avec d'autres.
Me Chalier lui ayant dit qu'à sa place il sauroit
forcer son pere de lui donner satisfaction de façon
ou d'autre : « par quel expédient, lui dit Calas ?
» Je me ferois Catholique, lui répond son ami,
» ou je ferois menacer mes parens de me le faire.
» Je ne prendrai pas ce parti, lui répliqua triste-
» ment Calas, mais j'en prendrai un autre que je
» mettrai à exécution ».

Enfin c'étoit Marc-Antoine qui dans les Prieres
de famille suppléoit son pere, en récitant lui-même
les Pseaumes & l'Evangile, en lisant les sermons
& les instructions qui forment le culte Religieux
parmi les Protestans privés de culte extérieur. Peu
de jours encore avant sa mort il avoit rempli ce
ministere.

Voilà par quelle chaîne de *Preuves positives*
nous arrivons jusqu'aux derniers jours de Marc-
Antoine. Plus les tems sont voisins de sa mort,
plus ces preuves se trouvent fortes & multipliées,
comme si la Providence eût elle-même voulu préparer la défense de cette famille infortunée.

PREUVES NÉGATIVES.

Les preuves *Négatives* ne sont pas moins con-
cluantes ; car observons ici que, suivant l'accusa-

tion, non-seulement Marc-Antoine devoit se faire Catholique, mais qu'il devoit encore faire son abjuration & sa premiere communion tout-à-la-fois le 14 Octobre, lendemain de sa mort.

Or voyons s'il y a quelques faits d'abjuration prochaine.

Bien loin qu'il y en eût aucune trace, on n'a trouvé dans ses livres ni dans ses papiers rien qui eût trait à la controverse, bien moins encore à l'abjuration.

On n'a trouvé aucun Catéchiste qui l'ait instruit, aucun Prêtre qui l'ait préparé à cet important événement ; il ne s'en est même présenté aucun qui ait pu dire avoir eu avec lui quelques conversations desquelles on pût l'attendre un jour.

Ni le Curé de Saint Etienne sa Paroisse, Eglise où son abjuration & sa premiere communion auroient dû se faire, ni aucun autre Curé de Toulouse, ni aucun Supérieur de Maison Religieuse, n'ont été prévenus sur les dispositions que devoit entraîner cette cérémonie.

Il ne s'est trouvé aucun Confesseur qui l'ait entendu en confession. Le sieur Laplagne avoit cru d'abord qu'il pourroit l'avoir entendu, en quoi il se trompoit évidemment, 1°. parce qu'il disoit avoir entendu un jeune homme de vingt-deux ans aux fêtes de Noël 1760, Pâque & la Pentecôte 1761 : or Marc-Antoine n'étoit pas dans le cas de se confesser aux grandes fêtes annuelles; une confession générale pour préparer une abjuration, eût été faite avec plus de continuité. 2°. A Noël 1760 il étoit à Brassac dans une assemblée Protestante : aussi les Pénitens du sieur Laplagne lui ayant tous certifié qu'ils n'avoient jamais vu ce jeune homme à son Confessionnal, il a reconnu l'erreur de sa conjecture, & l'inspection du cadavre a achevé de le détromper, *après avoir, dit-il, pris tous les moyens possibles pour éclaircir ce fait.*

On avoit répandu que le Pere Pochat, Franciscain, ou le Pere Seranne, Jésuite, ou le Sous-Prieur des Trinitaires, l'avoient confessé : tous trois assignés en déposition, l'ont nié.

On avoit allégué qu'au moins il avoit un Confesseur, soit dans la maison des Jésuites, soit dans celle des Trinitaires : on a fait entendre en déposition tous les Prêtres de ces deux Maisons ; il ne s'en est trouvé aucun qui l'ait confessé.

Dix-sept Prêtres ont été entendus dans ce Procès ; nul n'a instruit Marc-Antoine, nul n'a dit avoir vu en lui des dispositions, même éloignées, à l'abjuration.

Enfin le jour même de sa mort, ce jour de

ecueillement & de prieres , **qui devoit préparer** pour le lendemain une abjuration & une communion folemnelles, il paffe une partie de la foirée au billard (7), & fes amufemens font des vers obfcenes, des chanfons lafcives qu'on trouve dans fes poches, mais dont le fieur David jugea à propos d'éviter la defcription , en les traitant dans fon verbal de *papiers inutiles*.

Qu'oppofera-t-on à ce concours fi frappant de preuves négatives & pofitives, qui établiffent fi démonftrativement le Proteftantifme de Marc-Antoine ?

On nous oppofera quelques ouï-dire miférables; mais ces ouï-dire, qui par eux-mêmes ne pourroient faire preuve, ne deviennent-ils pas au contraire une preuve de plus pour les accufés, quand on les trouve à l'inftant démentis par les témoins qui fe trouvent cités dans ces vains difcours ? C'eft ainfi que le Pere Pochat, Francifcain, & le Pere Seránne, Jéfuite, ayant été indiqués par quelques témoins pour avoir confeffé Marc-Antoine, ont détruit tout-à-coup ces fauffes imputations par leurs propres dépofitions. C'eft ainfi que vingt autres

(7) Ce billard s'appelle *les quatre Billards*. Voir la dépofition du Peintre *Matthei*. Marc-Antoine y fit une perte affez forte dans plufieurs parties confécutives. On n'a point retrouvé l'or qu'il avoit.

témoins (8) ont défavoué, ont confondu ceux dont la témérité avoit ofé les affocier à leurs vifions ou à leurs menfonges.

On nous oppofera que Marc-Antoine avoit affifté à des Sermons, à des Saluts, même à des Meffes en mufique ; & nous répondrons que le defir de furprendre par ces actes extérieurs un certificat de Catholicité (defir auquel il renonça dans les detniers tems), que fa paffion connue pour la Mufique, que fon goût pour l'appareil des cérémonies, que d'autres motifs peut-être l'ont attiré à ces fêtes (comme on l'eft tous les jours dans

(8) La Demoifelle Brandela a démenti par fon filence la femme Serres.

La nommée Vilofpé a démenti la femme Catala.

Le fieur Pagis, la veuve Maffalenc.

Un garçon du fieur Durand, la veuve d'André.

Le fieur Placide Pochat, le fieur Bordes.

Le fieur Claria, Françoife Rey.

Le fieur Delpech, Françoife Rey.

Antoine des Champs, la fervante du fieur Durand.

Le fieur Blari, Marie-Anne Serres, femme Bauffade.

Le fieur Nozieres, le nommé Fremond.

Le fieur Saladin, la femme Martin.

Le fieur Bruyere, le nommé Terrery.

La fervante du fieur Cazeing, celle du fieur Biénaife.

Le fieur Bordet, le fieur Guillaume Fabre.

La Dame Lormand, la Demoifelle Marfalenc.

Le fieur Bruyere, la Demoifelle Romme.

Sans parler de bien d'autres défaveux moins frappans qu'on doit trouver dans ce Procès immenfe & fi furchargé de témoins.

cette Capitale ; au spectacle d'une pompe funebre ,
à des cérémonies d'éclat , à des prédications inté-
ressantes) , sans que de telles actions eussent trait
à la Religion ; mais personne ne nous dira qu'il
se soit confessé , qu'il ait communié , qu'il ait été
disposé par un Prêtre à la confession ou à la communion : & voilà vraiment les actes distinctifs
entre les deux cultes.

Voyons néanmoins , sur le fait d'une abjuration
prochaine de Marc-Antoine , les dépositions les
plus marquantes , & examinons si elles peuvent
soutenir le parallele des preuves de son Protestantisme.

Suivant la déposition de Marie-Anne Serres ,
ouie par les Capitouls , Marc-Antoine avoit dit à
la Demoiselle Brandela , la veille de sa mort , que
« *le lendemain* il seroit bien propre , tant au dehors
» qu'au dedans ; qu'il auroit un habit bleu , comme
» son frere Louis ; & que , quoique son pere résis-
» tât , il l'auroit néanmoins *le lendemain* , & qu'il
» devoit faire *le lendemain* sa premiere communion
dans l'*Eglise de la Trinité* ».

Voilà sans doute une déposition bien précise ;
le lendemain y est indiqué jusqu'à trois fois , comme
devant être le jour de la premiere communion de
Marc-Antoine : l'Eglise même est nommée.

Mais pour toute réponse nous dirons , 1º. que

ni la Demoiselle Brandela, ni le sieur Bordes, qu'on disoit avoir entendu ce même discours, n'en ont rien dit dans leurs dépositions ; 2°. que ni le Sous-Prieur des Trinitaires, ni aucun des Prêtres de cette Maison, n'ont rien dit qui eût trait à cette cérémonie, sur laquelle cependant ils auroient dû être prévenus, puisqu'elle devoit se faire en leur Eglise ; 3°. que ni le sieur Bou, Tailleur de la famille Calas, ni aucuns autres, n'ont parlé d'un habit bleu, ni d'aucun autre habit qui fût commandé pour Marc-Antoine ; 4°. que la déposition de la femme Serres, trouvée d'abord si forte & si précise, a paru si foible, que le Parlement n'a pas voulu la faire entendre.

Une autre déposition est celle de la femme Lezat, Blanchisseuse, ci-devant nourrice de Marc-Antoine, qui a déposé « qu'environ un mois & » demi avant sa mort il l'invita à venir dîner avec » ses parens (9), que sa mere n'en seroit pas » fâchée, & qu'il ajouta : *Felicitez-moi, je me* » *fais de votre Religion, priez Dieu pour moi ;* » qu'elle fut de son propre mouvement déposer ce » fait à l'Hôtel-de-Ville, sur les degrés duquel

(9) La déposition est en ces termes de familiarité : *D'où vient que vous ne venez jamais nous voir au logis & manger la soupe ?*

» elle

» elle trouva trois femmes qui la firent conduire
» dans le petit Confiſtoire, devant un Capitoul
» qu'elle ne pourroit pas reconnoître ».

Sans relever ici combien ce fait, placé un mois
& demi avant la mort, eſt contradictoire avec
les faits perſonnels à Mᵉˢ Chalier & Baux, Avo-
cats ; au ſieur Chalier, Prêtre (témoins préféra-
bles à une Blanchiſſeuſe), & avec l'enterrement
du mois de Juillet 1761 ; ne ſuffit-il pas de l'in-
vraiſemblance qu'une femme d'une ſi baſſe con-
dition fût invitée à venir manger avec des citoyens
d'un état honnête, tels que les ſieur & dame Calas ;
qu'elle fût invitée à venir manger chez une mere
qui lui avoit ôté ſon enfant avec un juſte mécon-
tentement, & qui avoit été alors accablée par cette
nourrice d'injures & d'imprécations, dont même
celle-ci lui demanda pardon à la confrontation ?

Quelle foi d'ailleurs mérite un témoin qui va
s'offrir de lui-même pour dépoſer, & qui par ce
fait ſeul doit, ſuivant tous les Criminaliſtes, être
rejetté : *Teſtis ſe offerens repellitur à teſtimonio ?*

De plus, puiſqu'elle prétend que trois femmes de
Toulouſe l'ont fait conduire au petit Confiſtoire,
où ſa dépoſition a été écrite, comment cette dépoſition ne ſe retrouve-t-elle point ? Comment aucune de ces trois femmes qu'elle nomme, n'aura-
t-elle indiqué dans la ſuite de cette inſtruction,

B

ni ce Capitoul, ni aucun Valet-de-ville, ni aucune autre perſonne qui ait conduit vers lui cette Dépoſante ?

Enfin cette femme a été reprochée à la confrontation par la Dame Calas, reproche dont elle-même a reconnu la juſtice *en lui demandant pardon.* Or tombe-t-il dans l'eſprit qu'un jeune homme bien né allât ſans néceſſité jetter, pour ainſi dire, ſon ſecret, un ſecret important, à la tête d'une Blanchiſſeuſe chaſſée de ſa maiſon, tandis qu'il n'en auroit fait aucune confidence à ſes amis, anciens Catholiques, faits par leur état & leurs lumieres, pour le guider & le ſervir ?

La nommée Dolmieres, Couturiere, s'eſt miſe auſſi ſur les rangs, & a dépoſé d'une confidence ſemblable qu'elle prétend lui avoir été faite par Marc-Antoine le 12 Octobre, veille de ſa mort; confidence dont le détail, très-long, eſt déja rapporté dans les Mémoires (10.) Celui qui vient de paroître réfute cette dépoſition avec tant de ſolidité, qu'il ne ſemble pas poſſible d'y rien ajouter. Obſervons ſeulement que, ſuivant cette dépoſition, Marc-Antoine devoit ſe confeſſer le Mardi (13. Octobre), qui étoit le lendemain, & faire ſa premiere communion le Mercredi. Or préciſement ce jour 13 Octobre fut le jour de ſa mort, & il

(10.) *Voyez* le dernier Mémoire de Me Mariette, p. 13.

est prouvé au Procès qu'il ne s'est confessé ni ce jour-là, ni aucun autre. De plus, comment pouvoit-il dire qu'il communieroit le Mercredi ? D'où tiroit-il cette certitude ? Quel est le Confesseur qui voulût prendre sur lui d'envoyer dès le lendemain de la confession à la Table sainte, un jeune homme de vingt-huit ans, plein de passions vives, & qui seroit encore dans les épreuves du Cathécumenat? Sont-ce là les regles, les maximes de l'Eglise?

Enfin le sieur Laplagne & le sieur Tenade ne purent distinguer les traits du cadavre, tant il étoit changé & défiguré. Comment cette femme, *qui ne le vit que plusieurs jours aprés eux,* auroit-elle pu le reconnoître ?

Mais, ce qui tranche en un mot, cette malheureuse se donne *pour avoir été de la Religion Protestante.* C'est sur cette conformité avec Marc-Antoine, qu'elle fait rouler toute la fable de sa déposition, & qu'elle y répand un air de confiance & d'intérêt l'un pour l'autre, qui en couvre mieux le venin. Or cette calomniatrice est née catholique, de pere & mere catholiques, qui l'ont élevée catholique. Le fait est prouvé au Procès, & dès-lors la réponse à la déposition venale & fausse de cette misérable, est un échaffaut.

Voilà néanmoins sur quelles allégations on conclut hardiment le Catholicisme de Calas, &

de ce Catholicifme un parricide ! Voilà fur quels refpectables témoignages on lui décerne les honneurs du martyre & la couronne de l'immortalité ! Mais n'anticipons point en ce moment fur ces fcenes coupables, & fuivons feulement la marche de la prévention qui les prépare.

Le premier mouvement de cette prévention cruelle, fut de porter le fieur David à tout ce qui pouvoit la faire naître & l'appuyer dans les autres. De fon chef & fans aucune provocation du dehors, il arrache les Calas à leur douleur, il repouffe les repréfentations de fon Collegue, *il prend tout fur fon compte* ; & fous prétexte de demander des *éclairciffemens* qu'il eût bien mieux trouvés fur le lieu même, il les fait conduire à l'Hôtel-de-Ville, vers lequel ils fuivent à pas lents le cadavre de leur fils & de leur frere.

Ce fut cette marche irréguliere qui, par cela même qu'elle étoit inutile pour de fimples *éclairciffemens*, parut offrir à tous les efprits, d'un côté le corps du délit, & de l'autre les coupables. Ce fut cette marche qui fuivie d'un prompt emprifonnement, occafionna elle-même les foupçons, en fit chercher avidemment les caufes, & répandit ces rumeurs, ces dépofitions de converfion, qui fembloient propres à excufer une précipitation fi téméraire.

Ce n'étoit pas encore affez que d'annoncer cette converfion prochaine ; il falloit des faits intermédiaires, qui puffent montrer quelque rapport (s'il en exifta jamais) entre la converfion d'un fils & fon affaffinat par un pere : & ces faits devoient être fans doute de mauvais traitemens éprouvés par Marc-Antoine, *en haine de fa future abjuration*.

C'eft à quoi ne manquerent pas les artifans de ce fyftême : les *intendits* du fieur Pimbert, les chefs du Monitoire en font une fanglante preuve. On chercha de la part du fieur Calas pere, de mauvais traitemens dont Marc-Antoine eût été l'objet direct ; on en chercha d'autres de fa part contre Louis fon fils converti, afin d'établir, s'il eft poffible, de mauvais traitemens contre Marc-Antoine, *par des inductions & des argumens de parité*. Syftême incroyable, réfervé à nos jours ! On difoit : Marc-Antoine alloit fe faire catholique : Louis, devenu catholique, a été maltraité par fon pere : donc Marc-Antoine a pû l'être auffi : donc il l'a été : donc il a pu être affaffiné : donc il l'a été par fon pere ; & c'étoit fur cet horrible enchaînement de conjectures entaffées, qu'on dreffoit l'échaffaut du meilleur des peres.

Mais fa bonté même pour Louis fon fils, fut l'écueil de toutes ces calomnies : elle dut l'être du moins ; car rien ne met dans un plus beau jour le cœur de ce vertueux pere, que cette partie du Procès qui concerne sa conduite envers ce fils converti. Non-seulement il fit remettre les habits & effets de son fils, avec l'argent nécessaire, mais il concerta de son plein gré avec M. l'Archevêque de Toulouse & M. le Procureur Général, la dépense de l'apprentissage de son fils dans une maison de commerce : non-seulement il lui fixa une pension (ce que ses facultés ne lui permettoient pas d'accorder à ses autres enfans), mais il lui donna encore une somme 600 livres pour payer ses dettes de dissipation & de jeunesse. « Pourvu que la con» version de mon fils soit sincere, disoit-il à » M. de la Motte, Conseiller au Parlement, je ne » peux la désapprouver, parce que de gêner les » consciences, ne sert qu'a faire des hypocrites » qui n'ont aucune religion ». Et s'étant abouché avec son fils chez le sieur Borel, Capitoul, il lui dit, en l'embrassant tendrement : *Continuez, mon fils, à vous bien conduire, & vous serez content de moi.*

L'événement répondit à ces promesses ; & Louis fut même si bien traité par son pere, qu'il sembloit d'un état supérieur à celui de ses propres freres. Une déposition du Procès en aura offert la preuve d'une maniere assez naïve, & qui doit trouver ici sa place. Dans un discours tenu par

Jean-Pierre Calas, & vraisemblablement rapporté par le sieur Nogariol, le premier, parlant de son frere le converti, disoit à ce Négociant : « Louis » s'est fait faire une pension par mon pere, & le » voilà en habit verd-pomme, chapeau bordé, » bas de soie ; & nous, à peine avons-nous un » habit gris ». C'étoit dire assez clairement que les libéralités de son pere lui avoient donné des préférences dont ses freres paroissoient humiliés.

Qu'on ajoute les trois faits constans prouvés au Procès ; le premier, que Louis Calas ne rentra point chez son pere, depuis le moment où un Placet à M. l'Intendant de Languedoc, étant tombé de sa poche, fit connoître dans sa famille son dessein d'abjurer ; le second, qu'il ne se tint caché que pour éviter d'aller à Nismes, où le premier arrangement des Magistrats avec son pere, avoit fixé sa demeure : le troisieme, que la marque qu'il porte au visage, étoit l'effet d'un pétard qu'il avoit tiré avec quelques jeunes gens de son âge (11), & nous serons tout-à-coup dispensés d'entrer dans cette partie épisodique du Procès. Nous n'aurons plus à réfuter ici ces fables misérables d'une chartre privée dans une cave, au pain & à l'eau, d'un

(11) La plaie que lui fit ce pétard a été pansée par le sieur Camoire, Chirurgien de Toulouse, actuellement vivant, le même qu'on alla chercher pour secourir Marc-Antoine.

coup de piſtolet tiré en plein jour dans une boutique, & autres viſions ridicules, qui, tout inſen-
ſées qu'elles ſont, prouvent moins l'abſurdité du
fanatiſme à les inventer, que l'avidité de la prévention à les ſaiſir.

Il ne reſtera plus à examiner que les prétendus
mauvais traitemens propres à Marc-Antoine lui-
même : & d'abord une réflexion ſe préſente. Quoi!
ce fils qui, dans ſa Lettre du 10 Janvier 1761 à
ſon ami, promet ſa médiation pour ſon frere
Donât auprès de leur pere, qui ſe flatte qu'elle ſera
aſſez puiſſante pour lui faire obtenir une augmen-
tation de penſion, quoique ſa famille *ſoit dans
des circonſtances critiques & ſe reſſente beaucoup de
la miſere du tems* ; ce fils qui dans la maiſon de ſes
parens ſatisfait tous ſes goûts pour la muſique,
pour les ſpectacles, pour la littérature, pour l'exer-
cice des armes, pour le jeu de billard devenu en
lui une paſſion, qui n'eſt aſſujetti à aucun travail
forcé dans le comptoir de ſon pere ; ce fils qui le
remplace avec joie dans les fonctions ſpirituelles,
& qui partage avec ferveur tous ſes exercices religieux ; ce fils qui jouit d'une liberté aſſez honnête
pour inviter ſes amis à la table paternelle, qui
reçoit des gratifications aſſez fortes pour faire au
billard des pertes fréquentes, voilà l'homme que
d'affreux traitemens accabloient tous les jours du

poids de la haine d'un pére, & conduifoient comme par degrés à la mort ! Ah ! pour l'honneur de la Raifon, pour celui de la Juftice, repouffons loin des Magiftrats ces abfurdes horreurs !

Auffi, quels qu'ayent été dans cette affaire les excès du Fanatifme, les efforts de la paffion, il faut avouer que cette imputation de la haine pater-nelle, a été la partie la moins chargée du Procès. Sur les cent quarante-neuf témoins, on n'en trouve que deux dont les dépofitions ayent été appliquées à de mauvais traitemens, & qui toutes deux fe réfutent avec avantage.

L'une eft celle de la nommée Marie Coudere, affociée de la nommée Dandufe, & comme elle Revendeufe de hardes. Elle dépofe qu'environ quinze jours avant la mort de Marc-Antoine, étant entrée dans la boutique du fieur Calas, & jufques dans le magafin, pour y acheter des indiennes, elle le vit tenant ce fils au collet, & lui difant: *coquin, il ne t'en coûtera que la vie* ; qu'auffi-tôt le fieur Calas vint lui donner des indiennes, & qu'elle crut qu'il avoit volé fon pere.

Cette dépofition, quand on l'admettroit telle qu'elle eft, porte avec elle fon correctif ; car de dire à un fils qui fait quelque vol à fon pere, *coquin, il ne t'en coûtera que la vie*, c'eft mêler à cette févérité même un fentiment de bonté paternelle, en menaçant un fils coupable que quelque jour la Justice humaine punira ſes excès qui deviendront des crimes.

On voit au Procès le ſieur Calas dire au ſieur Durand, dans la confrontation, que ſon fils jouoit continuellement au billard, *& lui voloit quelque-fois des pieces de marchandiſes.* Et voilà à quoi ſe rapporte néceſſairement cette réprimande que le fanatiſme a voulu infecter de ſon poiſon !

Mais d'ailleurs, pour apprécier la dépoſition de la femme Coudere à ſa juſte valeur, qu'avons nous beſoin d'autres moyens, que de la dépoſition de ſon aſſociée elle-même ? Celle-ci dépoſe être entrée en même tems dans le magaſin avec la femme Coudere, & cependant elle ne dépoſe nullement avoir vu cette action violente, avoir entendu ces paroles menaçantes. Or les mouvemens d'une action ſi animée n'auroient-ils pas néceſſairement frappé ſes yeux & ſes oreilles ?

Après un moment ſi déciſif, qu'avons-nous beſoin de relever la baſſe vengeance de cette femme de la lie du peuple (12), qui avoit eſſuyé peu de tems auparavant *un refus d'indiennes à crédit* de la

---

(12) **Le** ſieur David, qui goûtoit fort ſa dépoſition, a voulu lui donner quelque poids, en qualifiant cette mal-heureuſe de *Demoiſelle*, comme il a qualifié d'*eſpece d'Abbé* un gros Négociant qu'il connoiſſoit très-bien, mais qu'il vouloit faire prendre pour un Miniſtre.

part du sieur Calas, & qui trouvoit ainsi dans la prévention du Capitoul le moyen sûr de venger une injure ? Et néanmoins, quoiqu'animée par la haine, elle n'osa dénaturer sa déposition au point de la tourner vers la Religion ; elle dit au contraire qu'elle avoit cru que le sujet de la menace n'étoit autre que pour *quelque vol* fait par le fils à son pere.

L'autre déposition qu'on oppose est celle du Boutonnier Bergerot : au premier abord elle est plus frappante, mais bientôt elle se trouve encore plus victorieusement détruite. La déposition, *telle qu'elle est écrite*, est que Bergerot passant, vers le milieu de la semaine antérieure à la mort de Marc-Antoine, devant la maison du sieur Calas pere (ne se rappelle ni le jour ni l'heure), il l'avoit vu dans sa boutique, *parlant à un Monsieur habillé de gris, & portant un chapeau bordé en or* (13), auquel le sieur Calas disoit, que « s'il savoit qu'*IL* (14) » *changeât de Religion*, *IL* n'auroit pas d'autre » bourreau que lui ».

C'est ainsi, encore une fois, que la déposition

_____

(13) Affectation de désigner le sieur Lavaysse , que plusieurs témoins ont désigné de même lorsqu'il sortit pour aller chercher le Chirurgien & la Justice , afin d'insinuer sans doute que c'étoit à lui que ce discours étoit adressé , lui qui étoit absent de Toulouse.

(14) Sans nommer personne à qui ce mot se rapportât

eſt écrite. Mais la voici dans ſes véritables termes; l'humanité nous ordonne de les retracer d'après des témoins plus croyables.

Le ſieur Abbé Durand, dans ſon récolement du premier Novembre, a dépoſé tenir du ſieur Barreau, Clerc-tonſuré, le fait en queſtion, rendu à lui ſieur Barreau par le ſieur Bergerot lui-même, de la maniere ſuivante : « Le ſieur Calas pere diſoit » dans ſa boutique, à un Monſieur qu'il n'avoit » pas reconnu, que *S'IL NE changeoit*, il n'auroit » pas d'autre bourreau que lui ».

Voilà donc un Eccléſiaſtique digne de foi qui rapporte tout différemment ce fait, & aſſure le tenir de la propre bouche de Bergerot lui-même : or, lequel des deux croira-t-on ?

La réponſe eſt facile. La regle vouloit que ſur la dépoſition du ſieur Abbé Durand on fît entendre le ſieur Barreau. Loin de le faire, il ſemble qu'on l'ait redouté ; & dès le lendemain même de la dépoſition de Bergerot, on l'a, pour ainſi dire, enchaîné à ſa dépoſition, en le faiſant promptement récoler & confronter.

Un tel fait ne demande pas une plus longue explication ; & dès-lors nous n'avons pas même beſoin d'obſerver que ce Bergerot, qui ne peut indiquer dans ſa dépoſition le jour ni l'heure, indique ce jour très-préciſément au ſieur Abbé

Barreau dans son récit. Que d'ailleurs ces mots, *s'il ne* change, ou *s'il* change, rapidement pris par un passant, dont la déposition varie, ne se rapportent pas plus à Marc-Antoine qu'à tout autre; que même ils ne peuvent s'y rapporter, dès-là qu'on n'ose en faire résulter la menace d'un parricide. Quoi! il ne nomme seulement pas son fils! il ne le désigne pas! Il fait sans doute un récit d'un événement étranger, il en rend les expressions; & sur l'arbitraire application d'un mot * indéfini d'un discours incertain, fortement démenti par un autre témoin plus croyable, il existeroit parmi les hommes un Tribunal qui pût envoyer un pere à la mort!

Opposens seulement à ce témoignage isolé, les dépositions de trois des plus proches voisins du sieur Calas, qui, bien instruits de l'intérieur de sa famille, le peignent comme un pere tendre, toujours occupé du bonheur de ses enfans. Opposons-y ses bienfaits prouvés envers Louis, bienfaits dont la conversion même de celui-ci fit mieux éclater la pureté & la grandeur. Opposons-y ce crédit de Marc-Antoine sur son pere, cette médiation puissante qu'il employoit pour un frere, & tous ces traits que nous avons pris plaisir à rassembler.

Est-il maintenant un seul homme, nous ne disons pas parmi des Juges éclairés, mais parmi les persécu-

* 14

teurs les plus furieux , s'il en exiſte aujourd'hui, qui puiſſe calomnier une Communion chrétienne au point de faire inſpirer par elle des aſſaſſinats & des parricides ? Eſt-il un ſeul homme qui puiſſe penſer que ce Marc-Antoine, Proteſtant notoire, écarté d'un état honorable par ſa fermeté dans ſa croyance , diſpoſé à répandre ſon ſang pour elle en venant prêcher ſes freres , dût abjurer tout-à-coup cette Religion ſi hardiment ſoutenue, pour laquelle ſon attachement s'eſt ſi fort manifeſté dans les derniers tems de ſa vie, & qui ſembloit lui devenir plus chere à proportion de ſes ſacrifices , lui que perſonne n'a inſtruit, n'a prêché, n'a préparé à un changement ſi éclatant ? Eſt-il un ſeul homme qui puiſſe dans une parole équivoque, & différemment rendue par deux témoins, dans un mot fugitif & ſans application certaine, trouver la preuve de la plus affreuſe barbarie, d'une barbarie méditée de ſang froid, & démentie par les actions les plus tendres, par des traits vraiment paternels ?

SECONDE PREUVE.

Les sieurs Calas pere & fils , la dame Calas & le sieur Lavaysse ne se sont jamais quittés. Le sieur Lavaysse & la Servante ne peuvent être impliqués dans l'affaire.

Dans de premiers Mémoires on a présenté l'impossibilité qu'un pere presque septuagénaire, ayant les jambes enflées & chancelantes, ait pu pendre seul un fils âgé de vingt-huit ans, robuste, le plus adroit de tous ses compatriotes aux exercices du corps ; que même, à forces égales, un pere pût étrangler & suspendre son fils.

Mais ce moyen, si puissant par l'impossibilité physique, plus puissant encore par les forces qu'il tiroit du sentiment & de la Nature, nous devient même en ce moment superflu. Si Marc-Antoine a été assassiné, sans l'avoir été par des assassins du dehors, ce n'est plus seulement à son pere que le crime est imputé ; il l'aura été par son pere, par sa mere, par son frere, & par son ami, avec l'aide de la Servante, ou du moins à sa connoissance ; car c'est ainsi que l'assertion invariable du pere jusqu'à sa mort, & la défense unanime des autres accusés, fixent l'accusation. *Nous ne nous sommes jamais quittés* (1 5), disent-ils ; *ou il n'y*

(1 5) Ceci signifie , quant à la Servante , qu'elle a tou-

a point de coupable, ou nous sommes tous coupables.

Nous ne nous sommes jamais quittés ! Paroles accablantes pour les premiers auteurs de ce Juge-ment sanguinaire ! Paroles qui, persévéramment soutenues à la vue des tourmens & des buchers, par des accusés menacés d'une condamnation iné-vitable, devoient elles seules à la fin briser leurs fers !

Comment n'a-t-on pas senti la sublime défense qu'elles renferment, & les redoutables inquiétudes qu'elles devoient porter dans l'ame de tous les Juges ? Quoi vous, jeune homme bien né, digne d'un pere vertueux, vous cher à la Magistrature & à vos Concitoyens, vous vous tenez obstinément lié au sort de ces parricides, vous n'avez pas eu un seul instant de sommeil après un long voyage, après vos courses de la journée entiere ! Et vous, malheureuse fille, dont la dévotion simple & vraie n'est pas faite pour s'unir au crime sans aucun intérêt, vous à qui l'un des enfans doit ses lumieres & sa foi, voulez vous perdre avec ces coupables, vous n'avez pas été occupée à des soins domestiques, au point de ne pas entendre ce qui se passoit ou dans l'appartement des parens, ou dans leur magasin !

jours été parfaitement à portée d'eux, & qu'elle a pu voir & entendre tout, sa cuisine étant de plein-pied avec la salle à manger qui communique à la chambre où l'on se retira après le souper.   Et

Et tous les deux répondent avec une constance inébranlable : « Non, dussions-nous périr à l'instant, » nous ne les avons jamais quittés, ils ne font pas » plus coupables que nous ». Et cette fermeté généreuse n'a pas deffillé les yeux !

Pour nous, nous le difons avec confiance, c'eft l'argument le plus fort, c'eft le moyen le plus puiffant que cette affaire nous femble offrir ; car dès-là que l'aveugle Fanatifme donne à cette mort la Religion pour caufe, comment peut-on faire entrer une Catholique zélée dans le plus exécrable des complots ? Eh quoi ! ce jeune homme qui arrive de Bordeaux, qui n'a vu Calas pere que quelques momens, auroit faifi fans horreur, & fur la fimple propofition, l'idée du meurtre de fon ami, auroit confenti à l'inftant à devenir lui-même fon bourreau !

Difons plus encore : qu'on ouvre les Annales des crimes, qu'on cherche avec foin les forfaits qui ont fouillé la terre, & qu'on nous faffe voir cinq monftres réunis, commettant le plus abominable des affaffinats; trois d'entre eux, en étouffant le cri de la Nature, & démentant tout-à-coup les fentimens d'une tendreffe non interrompue; le quatrieme foulant aux pieds une ancienne & tendre amitié, fans aucun motif de Fanatifme, d'intérêt

C

ou de vengeance ; le cinquieme égorgeant , en haine d'une converſion prochaine , celui-là même que cette converſion devoit lui rendre plus cher. Ou ſi , pour l'honneur de l'humanité , on eſt forcé d'avouer que les ſiecles les plus atroces , que les climats les plus barbares ont ignoré des ſcenes ſi affreuſes , qu'on ceſſe donc de placer dans notre Patrie le premier théatre de ces horreurs !

Auſſi voyons-nous dans tout le cours de cette affaire , les Juges entraînés à ce ſentiment profondément gravé en eux , qu'il étoit impoſſible que tous les cinq fuſſent coupables. S'ils ſe perſuadoient fauſſement que le pere , la mere & le frere haïſſoient Marc-Antoine à cauſe de ſa prétendue converſion , & que cette haine avoit pu les porter à un parricide , du moins leurs ſiniſtres ſoupçons épargnoient le ſieur Lavayſſe & la Servante. Combien même de tendres invitations faites à ce jeune homme pendant l'inſtruction , par des Magiſtrats touchés de ſon malheur , perſuadés de ſon innocence ! Quel combat que celui livré par un pere qui , trompé lui-même par les bruits artificieuſement repandus de la condamnation inévitable des Calas, imagine que ſon fils ſe ſacrifie à une compaſſion mal-entendue ! « Mon cher fils , lui dit ce pere , en préſence » d'un Magiſtrat qui chercha la vérité dans leur

» douleur même, il seroit inutile de te le cacher, la
» voix publique annonce qu'*il y a des charges plus*
» *que suffisantes contre les Calas.* Rien ne peut te
» dispenser de dire la vérité à tes Juges. Ne dissimu-
» les point, je t'en conjure. Si l'amitié t'a fait croire
» qu'il t'étoit permis de sauver des coupables, re-
» connois ton erreur ; songes à quoi tu t'exposes ;
» que tous ménagemens cédent à ton devoir, au
» soin de ta justification ; *de la conservation de ta*
» *vie*, de ton honneur & de celui de toute ta fa-
» mille ».

Quelle affreuse lumiere ce discours porta dans
son ame ! Quoi ! c'est mon pere, l'organe de la vérité même, qui m'annonce QU'IL Y A DES CHARGES
PLUS QUE SUFFISANTES CONTRE LES CALAS, qui
me presse DE CONSERVER MA VIE ! Elle va donc
m'être enlevée au commencement de ma carriere,
déja les buchets sont allumés, une main barbare
m'y entraîne avec eux, la Justice humaine me
couvre d'un opprobre plus cruel encore que les
horreurs des tourmens ! Eh bien ! mourons pour
cette vérité même qu'on m'accuse de trahir, j'aurai
pour moi mon innocence & la justice de l'Être
éternel ; & la vive expression de ces sentimens qui
l'agitent, se faisant passage au travers de ses san-
glots : « Non, mon pere, lui dit-il avec courage,

» je n'ai point déguifé la vérité ; l'éducation que
» vous m'avez donnée, m'a trop inftruit de mes
» devoirs : les Calas ne font point coupables, JE
» NE LES AI PAS QUITTÉS UN SEUL MOMENT ; &
» quand le fupplice feroit préparé devant mes
» yeux, la crainte de la mort & de l'infamie ne
» m'arrachera jamais un menfonge qui pourroit
» faire périr des innocens ».

Cette vérité, que la crainte d'une mort préfente
ne peut altérer en lui, la mort même, & les plus
affreux tourmens, ne l'alterent point dans Calas.
De deffus fon échaffaut, & touchant au moment
redoutable de l'éternité qui va s'ouvrir, il attefte
cette innocence commune, qui réfulte de ce que
ne s'étant jamais quittés, ils devoient être tous
innocens ou tous coupables.

Et lorfqu'après le fupplice de l'infortuné vieillard les Accufés font conduits à un dernier interrogatoire, qui ne met entre eux & la mort qu'un
intervalle de quelques inftans, lorfque le lieu (1)
même de leur détention leur apprend qu'ils vont
périr comme lui, ils foutiennent tous fermement
ce qu'ils ont tous unanimement dépofé dans le

____

(1) Un ufage conftant du Parlement de Touloufe, eft que
les Condamnés font renvoyés aux prifons de l'Hôtel-de-
Ville ; au lieu que les abfous defcendent en celles du Palais.
On crut devoir s'écarter de cet ufage au fujet des Calas.

tours de la plus rigoureuse inftruction. Ils défendent courageufement fon innocence, ils défendent
la leur; ils atteftent tous une vérité qui ne peut
plus les fauver, après le Jugement exécuté contre
un homme auffi peu coupable qu'eux. Un Juge
demande au jeune Lavayffe : « QU'EN DITES-
» VOUS, *à préfent que le pere a été condamné à*
» *mort* » ? Sa réponfe fut « *Malheur aux faux té-*
» *moins qui vous ont fourni des preuves* » !

On interroge la mere, elle regarde fes Juges
qui détournent les yeux, & leur répond : « *Mon*
» *fils s'eft tué ; vous avez fait mourir mon mari, il*
» *me tarde de le joindre : je n'ai plus rien à vous*
» *demander que la mort* ».

Que pourrions-nous ajouter qui n'affoiblît la
grandeur d'une telle défenfe ?

Concluons donc que le fait *de ne s'être jamais
quittés* étant fi invariablement, fi unanimement, fi
perfévéramment foutenu par tous les Accufés, &
au péril de la mort même par deux d'entre eux
qu'on croyoit n'être pas coupables, il en réfulte en
faveur de tous une double démonftration de raifonnement & de fentiment qui confacre leur innocence.

Démonftration de raifonnement. Le jeune Lavayffe & la Servante étoient étrangers à l'accufa-

tion : on vouloit les en souftraire, ils n'avoient qu'à parler ; & ils perfiftent à fe tenir joints aux Accu-cufés ; ils y perfiftent à la vue des échaffauts & des tourmens ; ils y perfiftent après que le fupplice de Calas leur annonce la mort qui les attend ; ils y perfiftent, lorfque le foin de leur propre confervation, ce fentiment fi fort fur tous les êtres, les entraînoit puiffamment à féparer d'eux leur défenfe. Or les Accufateurs les plus fanatiques n'ont jamais pu trouver à ces deux perfonnes aucun motif d'avoir affaffiné Marc-Antoine : il eft avoué même que la Servante auroit eu un intérêt, un devoir tout contraires : donc, *ne s'étant jamais quittés*, aucun des cinq ne l'a affaffiné.

Démonftration de fentiment. Nul événement fur la terre ne fournit d'exemple d'un affaffinat femblable ; & fans vouloir trop élever ici la nature humaine, affez dégradée d'ailleurs par tant de forfaits, nous pouvons dire néanmoins que le mal ne fe fait que par un motif affez fort pour nous en diminuer l'horreur, & que le grand moteur de tous les crimes, l'intérêt de les commettre, manquant ici au moins dans deux des Accufés, il eft impoffible de fuppofer un parricide qu'il eft impoffible de croire. On le fuppofera moins encore dans un pere que fa bonté prouvée pour fes enfans, l'eftime de fes Concitoyens, foixante-huit ans de vertus couronnés par la mort la plus ferme, élevent au-deffus de tous foupçons ; dans une mere dont l'honnêteté connue aujourd'hui de tous les Magiftrats & de la Nation entiere, n'a rien d'égal que fes malheurs ; dans un frere qui chériffoit vivement fon frere, qui vivoit avec lui dans l'union la plus tendre ; dans un ami que fa naiffance, fon éducation, fes mœurs, les exemples domeftiques, fa générofité à la vue d'une mort prochaine, rendoient fi digne de la confiance de fes Juges ; enfin dans cette vertueufe fille, dont une piété exemplaire, fortifiée par fa participation fréquente aux faints Myfteres (1), avoit préparé les fuccès dans la converfion de Louis Calas, & qui, animée du même defir pour celle des autres enfans, auroit défendu Marc-Antoine au péril de fes jours, auroit combattu fes affaffins, les auroit accufés du moins, bien loin d'avoir été leur déteftable complice.

Mais fi cette unanimité des Accufés forme aux yeux de la raifon un moyen invincible, comment appellerons-nous cette fermeté généreufe d'une veuve & de pauvres orphelins, fans nom, fans biens, fans appui, qui, tout couverts encore du

(1) Elle avoit communié deux jours encore avant le fuicide de Marc-Antoine.

fang d'un époux & d'un pere, viennent fe jetter aux pieds du Trône (1), viennent y déférer l'Arrêt d'un Parlement, comme un ouvrage d'erreur dans les Juges fupérieurs, comme un ouvrage d'oppreffion & d'injuftice de la part des premiers Juges ? Si la Calomnie ofoit dire que la prudence humaine prefcrivoit l'unanimité aux Accufés, pour leur propre falut, à ces Accufés qui, précipités fur le champ dans des cachots, n'ont pu fe concerter entre eux ; dira-t-elle auffi que cette même prudence prefcrive à des coupables abfous, de réveiller une accufation terminée, de fe remettre de nouveau dans les fers, d'attaquer hautement des Tribunaux puiffans, & le premier préjugé d'une

(1) Sous l'Empereur Charles VI on pendit injuftement à Palerme un jeune homme du peuple, que fon obfcurité avoit laiffé condamner très-légérement. La nature, plus puiffante peut-être fur le cœur des malheureux & des foibles, lui fufcita un vengeur. Ce fut fa mere. Elle va à pied demandant l'aumône de Palerme à Vienne. Elle pénetre au travers des Gardes qui la repouffent, des Courtifans qui détournent la tête de deffus une infortunée ; elle fe jette aux pieds de l'Empereur, & lui demande, à grands cris, juftice de l'affaffinat commis par les Juges. L'Empereur, frappé de fa confiance, juge que le fils doit être innocent quand la mere eft fi courageufe. Sur le champ il envoie ordre au Vice-Roi de Sicile d'examiner rigoureufement le Procès. La condamnation fe trouve injufte. La bonté & la juftice de l'Empereur accorderent à la malheureufe mere de triftes & tardifs dédommagemens, qui ne lui rendoient pas un fils.

Ville entiere, de s'expofer aux rigueurs d'une inftruction que l'éclat même de leurs plaintes doit
rendre & plus approfondie & plus févere ? Il faut
donc évidemment que le fentiment puiffant de
l'innocence & de l'honneur anime cette refpectable
femme & fes enfans, quand on les voit tenter une
entreprife dont la vertu feule a pu concevoir &
remplir l'idée. Il faut donc que la Calomnie elle-
même, fi elle ofe fe montrer encore, rende hommage à des Accufés d'un nouveau genre, lorfqu'elle les entendit dire avec un noble courage au
Confeil du Prince, & aux Juges qu'il a choifis :
« Faites rétablir pour nous les échaffauts & les bu-
n chers, ou renverfez ceux fur lefquels expira
» l'homme de bien dont nous venons prouver &
» venger l'innocence ».

TROISIEME PREUVE.

Etat du cadavre. Heure des cris entendus, fixée par
quatorze Témoins.

Un premier point important, & qu'il ne faut
jamais perdre de vue, c'eft que Marc-Antoine n'a
point été étranglé, puis fufpendu : mais qu'*il a été*
pendu vivant, par lui-même ou par d'autres. C'eft
ce qu'attefte en propres termes le rapport des Mé-

decin & Chirurgiens, fait le lendemain de sa mort.

Cette déclaration de leur part est prouvée par le fait même. Ils attestent avoir trouvé au cadavre une marque livide au col, de l'étendue d'environ demi-pouce, en forme de cercle, *qui se perdoit sur le derriere dans les cheveux.* S'il n'avoit été qu'étranglé, la marque livide auroit été parfaitement horisontale, & même il n'eût pas été possible, en l'étranglant par terre, de faire remonter la corde *dans les cheveux;* elle auroit glissé, n'ayant rien qui l'y fixât, & par conséquent elle n'auroit pu produire la mort par *torsion.* S'il eût été étranglé d'abord, & puis suspendu, pour couvrir par cette suspension la mort par *torsion,* alors on auroit trouvé sur son col deux impressions; l'une horisontale, résultante de la *torsion;* l'autre remontant par derriere dans les cheveux, résultante de la *suspension.* Mais n'ayant été que *suspendu,* on n'a dû trouver, & l'on n'a trouvé en effet qu'une seule impression, qui est celle décrite dans le rapport; & cette impression a été l'effet naturel de la pesanteur du corps, la corde ayant remonté nécessairement *sur le derriere dans les cheveux, où elle se perdoit.*

Ce premier point une fois constant, démontre

d'abord l'infidélité infidieufe du Monitoire, dont les auteurs ayant devant leurs yeux le rapport des Médecin & Chirurgiens , n'ont pas rougi de mettre dans le cinquieme chef, que Marc-Antoine *fut ETRANGLÉ ou pendu* , & qu'il fut étranglé & mis à mort *par fufpenfion ou par TORSION* ; alternative odieufe, qui, d'après le rapport juridique, n'étoit pas en leur pouvoir. C'eft ce que nous aurons occafion de relever par la fuite.

Bornons-nous ici à obferver, d'après ce même rapport, que Marc-Antoine n'a donc pas été étranglé par des gens qui, fe jettant fur lui tous enfemble, l'ayent renverfé par terre ; mais qu'il a été *fufpendu*.

L'a-t-il été par lui-même ? L'a-t-il été par d'autres ? Voilà tout le Procès. L'état dans lequel on l'a trouvé fuffit feul pour le décider.

On l'a trouvé tête nue & en chemife, fon habit pofé & plié fur le comptoir, fans aucun dérangement dans fes cheveux, fans aucun déchirement ni défordre, fans aucune contufion ni meurtriffure, fans autre marque que l'impreffion de la corde, enfin, fans aucune trace de réfiftance ou de combat.

Voilà ce qui doit réfulter non du Procès-verbal du fieur David, (car il y fit plufieurs omiffions très-

graves dont nous parlerons bientôt) mais du rapport des Médecin & Chirurgiens.

Or quel est l'état d'un homme pendu par lui-
même ? Quel est l'état d'un homme que d'autres
auront suspendu ?

Pendu par lui-même , il est tout naturel qu'il
n'offre sur lui ni dans ses vêtemens , ni dans son
corps , ni dans ses cheveux aucun désordre , aucune trace de combat , parce qu'il n'aura eu aucun
combat à essuyer , la suspension étant en ce cas un
acte de sa propre volonté.

Pendu par d'autres , il aura nécessairement résis-
té , parce qu'il n'est pas dans la nature qu'on voie
attaquer sa vie sans la défendre. La résistance alors
est matérielle , machinale , elle est l'acte involontaire d'un être qui se révolte contre sa destruction ;
& quand un témoin a dit que Marc-Antoine étoit
si soumis à ses parens qu'il se seroit laissé tuer de
leur main par pure obéissance , il a dit une de ces
absurdités qui ne pouvoient être proférées que dans
un Procès plus absurde encore. Or cette résistance
auroit laissé sur ses habits & sur son corps , sur les
habits & les corps de ses Meurtriers , des marques
d'un combat que l'amour de la vie d'un côté , le
parricide de l'autre , auroient rendu si san-
glant.

Ajoutons que l'endroit de la suspension ayant si peu de largeur qu'il falloit, suivant le Procès-verbal du 16 Octobre, *rapprocher un peu les deux battans comme pour fermer la porte*, & Marc-Antoine y ayant été *pendu vivant*, il est impossible de supposer que cette opération ait pu être faite par plusieurs personnes dans un espace que remplissoit presque entieremrnt la largeur de son corps. Ces deux argumens ne souffrent point de réplique.

Pour diminuer la force du premier des deux, on fait valoir la déposition d'un Praticien nommé Pages, qui dit qu'étant entré le 14 Octobre vers les quatre à cinq heures du soir à l'Hôtel-de-Ville, il vit dans la chambre de la torture, sur la poitrine du cadavre, *une espece de noirceur grande comme la main*; qu'ayant demandé au sieur Favre, Chirurgien, d'où pouvoit venir cette noirceur, si ce n'étoit pas d'un sang extravasé, celui-ci avoit répondu que non, mais que cela provenoit d'un coup donné à Marc-Antoine pour l'expédier plus vite.

La réponse à cette déposition fausse est, 1°. dans celle-même du sieur Favre qui n'en dit pas un mot; 2°. dans la déposition du nommé Lambrigot, Soldat de garde, qui dit que cette petite noirceur étoit *de la grandeur à peu près d'une piece d'un sol*; 3°. dans une autre déposi-

tion (1) qui explique cette noirceur par l'application du cadavre sur une planche raboteuse à cet
endroit; 4°. enfin par le rapport des sieurs Latour,
Médecin, Peyronet & Lamarque, Chirurgiens,
fait dans la boutique avant le transport, par lequel
ils déclarent qu'ils avoient trouvé le cadavre sans
aucune blessure , *& sans autre marque livide
que celle qui avoit été causée par l'impression
de la corde* , rapport que le Chirurgien Lamarque
réitéra le lendemain dans un nouveau Procès-
verbal.

C'est donc un point constant au Procès , que
Marc-Antoine n'a porté aucune trace de suspension
par autrui, & qu'ayant été *pendu vivant* , il faut
qu'il se soit pendu lui-même, *l'espace* de sa suspension presque rempli par son corps n'ayant pu
suffire à une seule autre personne avec lui.

D'après ce fait incontestable, nous sommes bien
dispensés d'entrer dans la possibilité ou impossibilité de sa suspension, relativement au billot & à la
corde : possibilité pleinement démontrée dans les
premiers Mémoires, possibilité établie par le rapport même des Médecin & Chirurgiens qui déclarent qu'il a été *pendu par lui ou par d'autres* ;
vérifiée par de jeunes gens & par les Soldats du

____

(1) Celle du sieur Faure , Chirurgien *Facultiste.*

Guet qui fe fufpendirent le lendemain fur les mêmes bâtons, avec la même corde & le même billot, poffibilité enfin qu'il étoit fouverainement injufte de contefter après avoir laiffé traîner du 13 au 16 Octobre dans le magafin le billot & la corde, qu'une main ennemie avoit pu accourcir.

Cette démonftration, tirée de l'état du cadavre, fe fortifie puiffamment par une obfervation également fondée fur la nature des chofes.

Marc-Antoine eft mort avant huit heures. La boutique des fieurs Calas étoit dans la rue la plus fréquentée de Touloufe. On voit par le Procès même que toutes les maifons du voifinage étoient pleines de voifins raffemblés. Une fimple cloifon de planches s'oppofoit aux regards, mais ne fuffifoit pas pour empêcher le bruit de fe faire entendre au dehors. Et quel bruit que celui de plufieurs corps qui s'agitent & fe choquent, d'une famille entiere animée par la fureur & le crime, des cris perçans qui appellent du fecours, d'un jeune homme vigoureux qui défend fa vie, d'un pere & de quatre autres affaffins qui le terraffent & l'é-tranglent!

Et cependant alors aucun bruit n'a été entendu. Tous les cris, toutes les paroles fi étrangement dé-figurées par plufieurs témoins, & plus affreufement encore expliquées, paroles qui n'étoient que l'expreſſion de la douleur des parens, ſe rapportent unanimement à neuf heures & demie, neuf heures trois quarts, dix heures. Quatorze témoins ſont unanimes ſur ce fait, unanimité d'autant plus concluante, que dans le ſurplus de leurs dépoſitions ils ſont diviſés ſur les ſons qu'ils prétendent avoir frappé leurs oreilles, ou qu'ils rapportent par (1) oui-dires. Il y a même un (2) témoin qui dépoſe avoir paſſé devant la boutique des Calas vers les huit heures & demie du ſoir, & n'avoir entendu aucun bruit, à neuf heures un quart, & n'en avoir entendu aucun, enſuite à neuf heures & demie, & alors avoir entendu le bruit & les cris qui ſont conſtans au Procès.

Que Marc-Antoine ait ceſſé de vivre vers les ſept heures trois quarts, c'eſt ce qui réſulte de ce qu'il pouvoit y avoir une heure & demie ou deux heures qu'il étoit mort lorſqu'il fut viſité ſur les

---

(1) Rien n'eſt ſi frappant, par exemple, que la contrariété de Cazales & de Popis, tous deux garçons du ſieur Maiſons. Le premier dit avoir entendu : *ah, mon Dieu !
ah, mon Dieu !* ce qui ſe rapporteroit à la douleur des parens, ſur laquelle ont dépoſé pareillement les ſieurs Eſcat, Gorce, & Delpech. Le ſecond dit avoir entendu *au voleur,
à l'aſſaſſin*, ce qui ſuppoſeroit évidemment des aſſaſſins du dehors.

(2) Le François, onzieme témoin.

neuf

heuf heures & demie par le Chirurgien Gorce. Celui-ci déclare avoir dans ce temps-là examiné le corps de Marc-Antoine , avoir touché fon pouls, fes tempes , avoir porté la main fur fon cœur, l'avoir trouvé fur toutes ces parties froid & fans palpitation. Le fieur Delpech dépofe pareille-ment avoir touché le corps de Marc-Antoine atten-tivement fur l'eftomac & autres parties , (s'imagi-nant qu'il auroit pu être tué en combat fingulier qu'il le trouva froid & fans bleffure , & que le fieur Gorce étant arrivé enfuite , trouva également le corps froid & fans bleffure , & la bouche fe refer-mant *comme par reffort* lorfque la mere voulut faire avaler à fon fils des eaux fpiritueufes.

Le fieur Brouffe entré avec le fieur Delpech , dépofe auffi que le cadavre étoit froid, & fut trou-vé tel par le fieur Gorce.

Il eft vrai que le rapport des Médecin & Chi-rurgiens , poftérieur de deux heures, dit que le corps étoit encore *un peu chaud*; mais cette expref-fion diminutive n'a rien de contradictoire avec les trois dépofitions précédentes, pour peu qu'on con-fidere que la chaleur abfolue & entiere des ca-davres ne les quitte que plus de fix heures après leur mort, & qu'elle devoit durer plus long-temps encore dans un jeune homme de vingt-huit ans ,

D

fort & robuste, mort par suspension. Cela n'empêche pas que les tempes, le cœur, & autres parties touchées par le Chirurgien Gorce & les trois témoins, n'ayent pu être dites *froides* par opposition à la chaleur ordinaire de ces parties, quoique dans ce même temps toute chaleur ne fût pas encore éteinte dans le cadavre. De plus, les trois témoins énoncent avec détail le pouls, les tempes, le cœur, la bouche, avec un examen approfondi de ces parties. Or ces dépositions si circonstanciées ne peuvent être affoiblies par la généralité de cette expression, *un peu chaud*, qui ne s'applique distinctement à aucune partie, & qui peut être vraie sans rien prendre sur la vérité de ce que ces trois témoins ont senti & déposé.

Enfin un dernier argument dont nous avons déja montré la force irrésistible, est l'unanimité avec laquelle les Accusés soutiennent que Marc-Antoine quitta la table vers la fin du souper, c'est-à-dire vers les sept heures trois quarts. Cet argument, on vient de le voir, forme démonstration lorsqu'ils disent : *nous ne nous sommes jamais quittés.* Il doit en former une semblable, lorsqu'ils disent avec la même unanimité : *il a quitté la table vers la fin du souper ;* d'autant mieux qu'ayant été conduits à l'Hôtel-de-Ville pour qu'on y prît d'eux des (1) *éclaircissemens*, ils n'avoient garde de prévoir l'horrible accusation élevée subitement contre eux, & qu'ayant été mis sur le champ dans des cachots séparés, ils n'ont pu emprunter que de la vérité même cette unanimité constante qui honore & rend invincible leur défense.

Aussi le fort de l'accusation n'a pas porté précisément sur l'heure de la mort de Marc-Antoine. Ce point a été très-peu agité au Procès. L'heure à laquelle se rapportent les cris entendus, fixoit leur nature, & ne permettoit pas de les regarder autrement que comme les cris & les signes de douleur d'un pere, d'une mere, & d'un frere consternés de la mort affreuse d'un objet si cher.

Mais, le croira-t-on ? malgré l'unanimité des plus fortes dépositions sur cette douleur des parens, malgré les témoignages si touchans qui passoient de leurs ames dans les ames de tous ceux qui les environnoient, un misérable (2) a osé élever sa voix promptement accueillie, & a dit à Calas pere : « vous vous parez d'une fausse douleur, j'ai regar- » dé par les fentes de votre boutique, & je vous ai » vu distinctement vous promener une lumiere à

(1) Procès-verbal du Capitoul.
(2) Jean Peres, Garçon Perruquier.

D ij

„ la main autour de votre magaſin, ſans aucun „ ſigne d'affliction & de triſteſſe „.

Qu'on ſe peigne, s'il eſt poſſible, la conſternation de ce vieillard, lorſqu'il voit nier juſqu'à ſa douleur, ſoupçonner juſqu'à ſes larmes, cette expreſſion de la nature, cette défenſe involontaire & vraie, ce témoignage fidele que ne demandoit pas ſon innocence & qui ne ſervoit que mieux à la faire paſſer dans tous les cœurs. Mais tout-à-coup reprenant courage : « vous qui m'avez vu ſi diſtinctement, lui dit-il, quel habit avois-je ? » Le témoin frappé de cette queſtion imprévue, jette les yeux ſur lui, s'arrête un moment, répond : « le » même habit que vous avez actuellement ». Or le ſieur Calas ne prit d'habit (1) que pour aller à l'Hôtel-de-Ville, & par-là même l'impoſture de ce témoin ſe trouva pleinement confondue.

Puis pour mieux démontrer ſa calomnie, on fait viſiter la boutique. On trouve qu'il n'y a ni fente ni ouverture quelconque au travers de laquelle l'œil ait pu pénétrer. Les enfans pour leur pere articulent ce fait par requête & en offrent la preuve. La Requête reſte ſans réponſe, le témoin

______

(1) Le ſieur Calas fut en robe de chambre toute la ſoirée de la mort de ſon fils, & juſqu'au moment où étant conduit à l'Hôtel de Ville, il prit un habit pour y aller.

doublement convaincu de feux refte impuni , & le malheureux Calas eft conduit au fupplice.

QUATRIEME PREUVE.

Inutilité des efforts multipliés du Fanatifme contre les Accufés.

Que de tels événemens ceffent de furprendre. Quand on voit jufqu'où dans cette affaire le Fanatifme a porté fes excès , fi quelque chofe étonne , c'eft qu'il n'ait pas produit de plus grands crimes. Et c'eft encore ici une de ces vues frappantes, une de ces démonftrations morales, qui forcent les fuffrages.

En effet, pour qui connoît les hommes , quelle plus forte preuve d'innocence que de dire : « les » emportemens d'une populace ameutée, fufcitée » par tout ce qui peut remuer plus fortement de » telles ames , vivement perfuadée que le Ciel » même fanctifie fa haine & demande la mort d'un » facrilege , ont entaffé les récits les plus enveni- » més, les délations les plus hafardées, les inter- » prétations les plus finiftres; & tout cela n'a pu » former un corps de preuves fuffifant pour envoyer » au fupplice le malheureux objet de fes fureurs ».

Ici combien d'affreux refforts n'a pas fait jouer

cet aveugle enthousiasme qui s'empara de tous les esprits, qui corrompit tous les cœurs ?

Qui ne seroit révolté d'abord de voir que sur trois cas possibles, l'assassinat de Marc-Antoine par des étrangers, son suicide, son assassinat par ses parens, l'esprit du Capitoul, auteur de tout ce désastre, se porte vers le plus exécrable, vers le plus invraisemblable des trois crimes ? Et quand s'y porte-t-il ? C'est lorsqu'il devoit avoir un sentiment tout contraire, c'est lorsqu'après avoir fait conduire ces infortunés à l'Hôtel-de-Ville, *pour prendre des éclaircissemens*, il ne peut cependant en acquérir aucuns à leur charge. C'est en ce moment même qu'il lui plaît de les juger parricides, qu'il s'écrie avec une satisfaction cruelle : *je vois qu'il leur en coûtera quelques tours de question, qui à coup sûr feront ruisseler le sang* (1) ; qu'il les fait emprisonner, encore qu'il n'y eût, & qu'il n'y ait eu contr'eux aucun décret de prise de corps. La joie d'une ame honnête est de pouvoir trouver un innocent dans un accusé qu'on soupçonne ; la sienne est de ne voir, de ne préjuger jamais que des coupables.

S'il s'applaudit d'abord de cette détention arbitraire, il en sent ensuite les dangers. Mais bientôt

______
(1) Mém. du sieur Lavaisse, pag. 8.

il se rassure en se persuadant, en insinuant du moins que la cause de Dieu est dans ses mains, & qu'il a la mort d'un Martyr à venger.

Aussi-tôt cent voix répandues dans Toulouse, portent de toutes parts ses conjectures & ses soupçons. Les bruits d'une conversion prochaine, d'un assassinat en haine de cette conversion, se forment, s'accréditent, excitent l'activité de ses poursuites. Et par cette réaction qui se porte vers lui, il semble ne faire que céder à l'impulsion générale que sa témérité seule avoit fait naître.

Que la pente de l'enthousiasme est rapide ! Tous les esprits agités par David, le suivent & l'entraînent à la fois. Les Juges eux-mêmes, en invoquant ces secours puissans que l'Eglise a ménagés à la société pour la découverte des crimes, les Juges oublient à sa voix, & la forme de ces dénonciations publiques, & l'autorité (1) qui les accorde, & l'esprit d'impartialité (2) qui les compose. On di-

(1) On évita de demander le Monitoire à l'Official, seul compétent, suivant l'Ordonnance, pour l'accorder. On crut l'obtenir plus facilement d'un grand Vicaire, moins versé dans la forme de ces actes qui ne sont pas de son ressort.

(2) La Loi ordonne qu'un Monitoire soit dressé à charge & à décharge, & même sans désignation de personne, bien moins encore avec assertion d'un crime certain sur trois crimes possibles.

D iv

roit que le Fanatisme lui-même les a tracées en caracteres de sang pour susciter contre les Accusés des calomniateurs & des bourreaux. Ce n'est plus la nature du crime qu'on recherche, ni quels sont les coupables. On les annonce déja comme convaincus, en même temps qu'on publie un Monitoire pour les convaincre. On demande aux Citoyens d'apprendre à la Justice quel crime a été commis, & on leur assure en même temps que ce n'est ni un assassinat ni un suicide, mais un parricide ; on les restraint avec une horrible injustice à déposer seulement DE CE CRIME QUI EST DES PLUS DÉTESTABLES.

Qu'on nous dise du moins quels furent les cruels inventeurs des articles trois & quatre de ce manifeste sanguinaire, articles qui annoncent « que le » 13 Octobre au matin *il se tint une délibération* » *dans une maison de la* Paroisse de la Daurade, » OU LA MORT DE MARC-ANTOINE FUT RÉSOLUE » ET CONSEILLÉE......que le même jour depuis » l'entrée de la nuit jusques vers les dix heures » CETTE EXÉCRABLE DÉLIBÉRATION FUT EXÉCU- » TÉE EN FAISANT METTRE CALAS A GENOUX » ?...

A de telles horreurs la plume tombe des mains... on frémit d'exister au milieu d'hommes capables de forger contre des innocens ces abominables complots . . . . Auteurs de ces atroces imputations, qui que vous foyez, tremblez. Au moment où la Patrie demandera compte du fang de ce vieillard , que peut-être ces deux feuls chefs du Monitoire ont conduit au fupplice , qu'aurez-vous à lui répondre ? Lorfque ni les dépofitions ni les charges n'offrent pas la plus légere trace de cette délibération prétendue , lorfque l'efprit humain ne peut pas même en admettre l'idée , vous forgez de chimériques accufations contre une Communion entiere pour vous affurer d'avance des victimes ! vous décrivez avec précifion tous les progrès d'un attentat dont l'exiftence même eft l'objet de vos recherches ! vous nous peignez *Marc-Antoine à genoux* au milieu de fes affaffins , lorfqu'il vous étoit incertain s'il en a eu d'autres que lui-même ! les jeux de votre imagination coupable font de nous tracer de fang froid l'appareil d'un parricide ! Et l'on auroit efpéré qu'après ces affertions plus téméraires encore qu'inhumaines , la vérité paifible & pure fe fît jour au milieu des cris d'une populace aveugle & infenfée , d'une populace trompée au nom de la Religion même !

Mais ce ne fut là que le premier pas d'un Fanatifme trop cruel dès l'abord, pour ne pas l'être encore davantage. Il venoit d'abufer des droits de la Religion fur les confciences, il va profaner fes cérémonies & fes temples. Quel fpectacle que cette Eglife tendue de blanc, cette Proceffion pompeufe de Pénitens & de Prêtres, ces Religieux de tous les Ordres affemblés, ces milliers de Citoyens courans en foule pour invoquer un nouveau protecteur (1) dans les cieux, ce Maufolée tout couvert des ornemens du Martyre, couronné par un fquelette humain, & réuniffant fur Marc-Antoine les honneurs d'un monftrueufe apothéofe! De quel droit d'aveugles mortels exerçoient-ils ainfi les jugemens du Très-Haut, & décernoient-ils, au gré de leurs paffions, un culte religieux à cet homme que peu de jours avant ils condamnoient à d'éternels fupplices; à cet homme qui n'avoit pas ceffé d'être pour eux un objet de réprobation & d'anathême; à cet homme dont Dieu feul a pu connoître les derniers fentimens & la foi; à cet homme enfin qu'on ne pouvoit honorer comme Martyr, fans annoncer irrévocablement pour fes bourreaux fes parens qui n'étoient pas jugés encore! Quel Citoyen, à la vue de ces cérémonies folemnelles, & fur-tout à la fcandaleufe durée de ces fêtes fucceffivement célébrées dans

____

(1) *On étoit venu jufqu'à lui attribuer des Miracles.* Mém. du fieur Lavayffe, page 13.

trois temples, pouvoit douter que les malheureux parens ne fuſſent des parricides (1)? Quel témoin appellé au Procès ne devoit pas s'exagérer à lui-même la force de ce qu'il avoit vu ou cru voir, de ce qu'il avoit entendu ou cru entendre? Quel Catholique zélé, pris du milieu de cette populace ſoulevée, ne devoit pas croire, après l'étlat perfide de cette pompe meurtriere, que la Religion elle-même appelloit chacun de ſes enfans à venger ſon injure, à convaincre & à frapper des coupables?

Fallut-il plus de mouvemens & d'efforts pour former autrefois au ſein de la France déchirée une école de bourreaux & de parricides? Loin de nous, pour ne renaître jamais, ces jours horribles que le Fanatiſme enſanglanta de ſes fureurs! Des prédications ſéditieuſes, des peintures effrayantes, des

(1) Croira-t-on que ce fut préciſément trois heures après l'inhumation ſéditieuſe de Marc-Antoine, que le Capitoul David ſe tranſporta d'office & militairement, avec quelqu'autre, & AVEC LE BOURREAU, dans le magaſin des Calas, où l'on fit décider par ce BOURREAU, encore tout échauffé du ſpectacle qui venoit de frapper ſes yeux, que Marc-Antoine n'avoit pu ſe pendre. Et comment auroit-il pu le regarder comme ſuicide? Il venoit dans le moment même de l'invoquer comme Saint! Il falloit bien qu'alors une prétendue impoſſibilité phyſique vînt au ſecours de ce pompeux enterrement qui la rendoit néceſſaire! Horrible enchaînement, qui a perpétuellement couvert un égarement par un autre!

ames foibles, troublées & raffurées tour à tour par des fcélérats qui fe difoient les Miniftres des vengeances divines, voilà de quelle maniere on aiguifoit les poignards, voilà comme on préparoit les plus exécrables forfaits. Doutera-t-on que les malheureux qui, pour les commettre, couroient à un fupplice affuré, n'euffent pu faire par une dépofition menfongere ce qu'ils faifoient par le fer & le poifon, qu'ils n'euffent pu par leur témoignage envoyer à la mort celui à qui ils la donnoient de leurs propres mains ? Doutera-t-on qu'à la vue d'un pere dé oué à la colere célefte, défigné par les plus auguftes cérémonies de la Religion comme un parricide, ils n'euffent pu dire à ce pere accufé : *nous vous avons vu affaffiner votre fils*, eux qui en défendant les intérêts du Ciel, croyoient ne pouvoir être ni meurtriers ni parjures ? Mais le fage qui pefe en filence les forfaits & les paffions des hommes, fe feroit dit avec affurance : " ces témoins » ou en impofent ou s'abufent ; ces malheureux » viennent de forger leur témoignage fur les degrés » de ce Maufolée où ils invoquoient un Martyr ».

Que fera-ce, fi à tant d'incroyables excès on ajoute la fatale circonftance de cet anniverfaire de meurtre & de carnage qui acheva de rendre les Calas l'objet de la haine univerfelle ? Nous parlons de cette fête du 17 Mai, qui se célebre tous les ans en mémoire d'un massacre de Protestans commis à Toulouse en 1562; fête abominable qui honore un assassinat de Citoyens à l'égal d'une victoire; reste honteux des anciennes barbaries, vainement proscrit par deux Arrêts émanés du Trône, & qui offense à la fois la raison, l'humanité, l'honnêteté publique, & la France. L'année 1762 annonçoit l'importante solemnité d'un jubilé séculaire; les plus somptueux (1) préparatifs promettoient un nouvel éclat à la cérémonie; des invitations imprimées, répandues dans tout le Languedoc & les Provinces voisines, appellóient de toutes parts les peuples à Toulouse; une nouvelle source de (2) graces venoit d'être ouverte aux Fideles qui célébreroient avec zèle la solemnité sainte : & c'étoit dans ce moment que les imaginations ardentes de ce peuple soulevé, pour mieux honorer le grand

(1) On avoit commandé dès les premiers temps de l'année 1761 de riches étoffes d'or à Lyon pour de nouveaux ornemens.

(2) Bulle du Pape obtenue pour l'année 1762, qui accorde les indulgences les plus vastes à ceux qui célébreront la fête. On assure, suivant les Mémoires qui nous sont remis, que cette Bulle exceptoit seulement les péchés exceptés dans une autre Bulle, qui ne doit pas même être nommée en France, & qui se citoit ainsi hautement dans Toulouse.

jour, le jour féculaire, plaçoient d'un côté le Maufolée du fils, de l'autre l'échaffaut du pere !

Enfin, comme pour réunir contre les malheureux Calas tous les égaremens de la fuperftition,
toutes les noirceurs de la haine, n'alla-t-on pas
jufqu'à calomnier pour la feconde fois en cette
affaire une Communion toute entiere, jufqu'à accufer la Religion Proteftante, cette Religion tolé-
rante par effence, d'autorifer les peres à prévenir
par l'affaffinat de leurs enfans le déplaifir de leurs
abjurations? Non, jamais la Poftérité (car ce Procès, monument de Fanatifme & de honte, paffera
jufqu'à elle), non, jamais la Poftérité ne pourra
croire que dans une ville où l'efprit naturel &
l'amour des lettres fembloient devoir venger la
raifon, on ait pu l'avilir au point d'imputer à une
Communion chrétienne d'auffi abominables maximes. Et cependant ce ne furent pas de vaines déclamations étouffées en naiffant par leur abfurdité
même. On fit de cette imputation l'objet férieux
des terreurs du peuple, des affertions des gens
éclairés, des interrogats des Juges; un ouvrage
imprimé fous le nom *d'obfervations*, ofa prêter ces
horreurs comme un point de dogme à l'inftitution
chrétienne de Calvin, dont on citoit la page, aux
leçons de Geneve, aux prédications des Miniftres.

Il fallut que l'un (1) d'eux combattît par une réponse imprimée ces misérables calomnies. Il fallut que le Consistoire & l'Académie de (2) Geneve, avec cette compassion qu'on a pour les enfans & les insensés, s'assemblassent solemnellement pour attester à la ville de Toulouse qu'un
Chrétien ne se croit point en droit d'en assassiner
un autre parce qu'il admet d'autres dogmes que
les siens. Tant l'exécrable délire d'un aveugle Fanatisme avoit emporté au loin tous les esprits !
Tant une prévention envenimée avoit employé de
ressorts pour susciter par le soulevement populaire
quelques preuves contre des Accusés, que même
sans aucunes preuves elle avoit d'avance condamnés à la mort !

Qui n'eût cru que parmi tant d'agitations & de
fureurs il se seroit trouvé des témoins enflammés
d'un zèle aveugle, & peut-être se trompant les
premiers eux-mêmes, qui auroient porté contre
ces infortunés d'accablans témoignages ? Mais telle
fut la pureté de leur vie, tels furent encore les

(1) Ce fut le Ministre Paul Rabot, dont l'écrit fut condamné aux flammes, & se brûloit au Palais, précisément
pour le moment où Calas pere y fut conduit pour son dernier interrogatoire.

(2) A Geneve, suivant les **Loix**, le changement de Religion n'est pas même une cause d'exhérédation.

droits de la vérité si obscurcie par les passions les plus violentes, que de l'amas impur de tous ces oui-dire, de tous ces rapports grossis par la légéreté, la préoccupation, & la calomnie, il ne résulta pas un seul fait qui pût faire offrir contre eux une charge raisonnable. Quelle justification que celle qui n'a pu être entamée par les préventions d'un Tribunal, les déclamations de tant de gens ou trompés ou intéressés à tromper, les emportemens & les passions d'une populace forcenée, & d'une Capitale entiere ! Quelle innocence que celle qui a pu ne pas succomber sous de si terribles attaques !

CINQUIEME PREUVE.

Tous moyens de défense ont été ôtés aux Accusés : tout ce qui pouvoit leur nuire a été employé contre eux, sans cependant qu'il en soit résulté aucunes charges.

Que d'ennemis les malheureux Calas ont eu à combattre à la fois ! Ce monstre odieux dont nous n'avons que foiblement rendu les violens efforts, le Fanatisme, n'étoit pas peut-être le plus redoutable qui préparât leur supplice.

Un esprit d'irrégularité extrême, fruit d'une
prévention

prévention aveugle , un oubli abſolu des regles lorſqu'elles pouvoient les défendre, une extenſion arbitraire de ces mêmes regles quand elles pouvoient leur nuire, une affectation odieuſe à leur tendre des piéges, à raſſembler contre eux les effets du haſard même ; voilà ce que préſente aux regards les moins attentifs l'enſemble de cette procédure révoltante. Ne craignons pas de nous livrer à des détails, l'intérêt général de l'humanité les ſoutient ; le ſeul intérêt d'un innocent à venger ſuffiroit pour les annoblir & les recommander à nos Juges.

Et d'abord que convenoit - il de faire pour aſſurer la défenſe des Calas ? & l'a t-on obſervé ?

10. Il falloit dreſſer *ſur le champ* , *& ſans déplacer* , Procès-verbal de l'*état* du cadavre , du *lieu* où il avoit été trouvé , & de *tout ce qui pouvoit ſervir pour la décharge ou la conviction* ; l'Ordonnance y eſt formelle (1) On n'en a rien fait , le Procès-verbal a même été rédigé à l'Hôtel-de-Ville ; il porte date du 13 Octobre, & renferme cependant un rapport des Médecin & Chirurgiens, daté du 14 ; ce qui prouve manifeſtement qu'on a voulu , en mettant la date du 13 , faire

(1) Ordonnance de 1670 , tit. 4 , art. premier.

E

entendre que le Procés-verbal fut rédigé le 13 au soir dans la maifon même. Les Accufés ont donné Requête pour s'infcrire en faux contre le Procès-verbal du Capitoul ; pour toute réponfe on a interdit le Procureur pour trois mois.

2°. On devoit rendre compte de la chevelure du mort non dérangée, du linge non déchiré ni chiffonné, des habits nullement en défordre, de la douleur des parens, de leurs larmes, de leurs cris, &c. Tous ces points importans ont été omis, & la derniere de ces omiffions a donné lieu fans doute à la calomnie du témoin Perés, qui ofoit accufer le pere de fe parer fauffement d'une douleur que fes propres actions avoient démentie.

3°. On devoit décrire les papiers trouvés dans les poches de Marc-Antoine, fans les qualifier vaguement de papiers *inutiles*, parce que ce qu'on auroit cru d'abord le plus *inutile*, pouvoit répandre enfuite la plus grande lumiere fur l'inftruction ; il falloit du moins les parapher, les annexer, les fceller. Ces précautions légales, l'affaire d'un moment, ont encore été violées : violation volontaire, là où il s'agiffoit du falut de cinq Citoyens! violation d'autant plus criminelle, qu'elle a préparé aux Accufés les tourmens & la mort!

4°. Il falloit du moins ne pas laiffer traîner,

expofés à toutes fortes de mains, la corde & le billot, inftrumens de la mort de Marc-Antoine ; cependant on les laiffe négligemment dans le magafin pendant trois jours : ce n'eft que le 16 Octobre qu'on fe fouvient qu'ils exiftent, qu'on va ramaffer ce billot & cette corde, dont on a voulu enfuite contefter & calculer fi irréguliérement la longueur.

5°. On devoit vifiter toute la maifon, pour y chercher des affaffins cachés, ou tous autres éclairciffemens qui auroient pu conduire à la conviction. On le devoit d'autant plus, qu'il y a au fond de la cour un grand corps de logis qu'on n'aborde que par l'allée des fieurs Calas, & qui eft occupé par un feul locataire étranger, vieillard fans famille & fans enfans. Or, qui nous répondra que cet édifice, prefque défert, ne cachoit pas des affaffins du dehors, fur-tout quand un témoin dépofe avoir entendu crier, AU VOLEUR, ON M'ÉTRANGLE ; fur-tout encore quand on confidere que l'or publiquement cherché ce jour-là même par Marc-Antoine pour de l'argent, fut vu par bien des gens, & ne fe retrouva jamais ? Quoi qu'il en foit de cette conjecture, (que l'humanité s'empreffe avidement de faifir pour rejetter de plus grands crimes) quel reproche contre cet ardent Capitoul, de s'être rendu coupable d'une inobſervation ſi grave, ſi terrible dans ſes ſuites; inobſervation qu'il a vainement voulu réparer, en faiſant faire cette viſite trois jours après, c'eſt-à-dire dans un temps où il ne lui étoit plus poſſible de remplir le vœu de la Juſtice & des Loix!

6°. Le rapport ſur la nature des alimens & ſur la digeſtion de Marc-Antoine, étoit pleinement du reſſort des Médecins, ſur-tout lorſqu'on vouloit inférer d'un rapport ſi délicat, la fauſſeté d'un fait ſoutenu par les cinq Accuſés, & conclure de cette fauſſeté prétendue qu'ils étoient des coupables. Dans les cas les plus ordinaires, la Loi (1) veut que des Médecins ſoient appellés. On les appella même ici, pour conſtater l'état extérieur du cadavre; & lorſqu'il s'agit de décider par l'état des alimens, ſi Marc-Antoine a ſoupé ou non avec les Accuſés, il ſemble qu'on fuie les lumieres de ces Maîtres de l'Art; c'eſt au Chirurgien Lamarque, à cet homme d'une ignorance prouvée au Procès, que ce Capitoul confie une diſſertation ſi importante, dont le réſultat pouvoit avoir, aura eu peut-être ſur l'eſprit de quelqu'un des Juges les plus terribles conſéquences.

7°. On déclare dans le Procès-verbal que les

(1) Ordonnance Criminelle, Tit. 5, art. premier.

Accusés furent conduits à l'Hôtel-de-Ville *pour y prendre des éclaircissemens* ; mais ces *éclaircissemens* ne pouvoient-ils pas se prendre bien plus sûrement dans la maison même, où l'on avoit sous les yeux le cadavre, le lieu, les circonstances du fait, les personnes rassemblées ? Dès qu'on ne les conduisoit à l'Hôtel-de-Ville que pour prendre des *éclaircissemens*, ils n'étoient donc pas, du propre aveu des Juges, dans le cas de la *clameur publique* ; & cependant on excite cette clameur même, en leur faisant traverser au milieu de tout le peuple une très-longue rue, environnés de Soldats, & à la suite du cadavre, comme on conduit des coupables.

8°. Arrivés à l'Hôtel-de-Ville, on leur fait des questions d'office, pour donner aux Capitouls les *éclaircissemens* qu'ils souhaitoient ; & à l'instant, quoique leurs réponses ne les chargeassent en rien, quoiqu'il ne fût rien survenu du dehors à leur charge, on les emprisonne, on les met dans des cachots, sans qu'il y eût contre eux ni information ni décret. David forme sur le champ le titre de l'accusation ; & cette accusation..... c'est d'un parricide.

On emprisonne pareillement le sieur Lavaysse & la Servante, par simple voie d'*arrestation* &

d'*écroue* , fans aucun décret , fans qu'il y eût aucune charge, aucun foupçon raifonnable contre eux. L'on affecte , en ne les jugeant pas les premiers, de priver les Accufés de deux témoins qui étoient pour eux deux témoins néceffaires, & qui, abfous d'abord (comme ils devoient l'être) , n'en auroient été que des témoins plus refpectables ; au lieu qu'ils ne font aujourd'hui que des témoins tardifs, qui ne peuvent plus dépofer fur Calas que pour exciter à jamais nos regrets.

Mais, que de telles fautes n'excitent pas d'abord une indignation trop vive ! Ce ne font encore que des fautes légeres auprès de toutes celles que nous allons rapidement tracer , & qui montreront jufqu'à quels excès fe font portées la prévention & l'injuftice qui aveugloient les premiers Juges.

La plus grave de toutes ces fautes , celle qui a principalement élevé l'échaffaut du malheureux Calas , ç'a été d'inftruire continuellement dans l'hypothèfe du parricide commis fur Marc-Antoine , & d'écarter toute idée de fuicide, ou d'affaffinat par des étrangers. La Loi , le fentiment intérieur de l'équité , le cri même de la Nature, interdifoient cependant à ces Juges une prévention fi fatale. Le rapport de leurs Médecin & Chirurgiens les ramenoit néceffairement à la poffibilité des trois cas; car ce rapport déclaroit que Marc-Antoine AVOIT ÉTÉ PENDU VIVANT *par lui-même ou par d'autres*. Mais rien ne les arrête. Ils écartent ce rapport, ils rejettent ce qu'il renferme; & ne confultant que leur opinion cruelle, ils dirigent leurs informations, leurs opérations, leur Monitoire, leur enterrement de Marc-Antoine, leur conduite envers les Accufés, tout le Procès enfin, fur le fait certain dans leurs efprits, que le jeune Lavayffe & la Servante font les complices, ou tout au moins les fauteurs d'un crime horrible; que le pere, la mere & le frere font des parricides.

De-là, comme d'une fource empoifonnée, combien ont découlé d'injuftices qu'on expie peut-être en fecret aujourd'hui par des larmes ameres! La furprife, les artifices, les vaines & infidieufes terreurs, les traitemens inhumains; tout eft permis, fe feront-ils dit, pour convaincre de tels coupables, pour venger la Religion & la Nature!

Et auffi-tôt on préfuppofe aux Accufés, comme prouvés, des faits qui ne l'étoient nullement, qui même n'avoient ni raifon ni vraifemblance. On leur impute d'avoir envoyé les Demoifelles Calas à la campagne, pour commettre plus fûrement le crime. On veut qu'ils ayent fait une foſſe dans leur cave (1). On prétend qu'un *piton* (2) trouvé à la voûte de la cave, a ſervi à ſuſpendre Marc-Antoine. On débite & l'on fait débiter que des perſonnes ont VU MONTER le cadavre de la cave au magaſin, pendant que par une calomnie toute contradictoire, on veut que Marc-Antoine ait été entendu criant dans le magaſin : « *Ah ! mon Dieu, au meurtre, on m'étrangle !* » On veut que la Servante ait dit, en marchant à l'Hôtel-de-Ville : « Je l'avois bien averti de ne pas ſouper à la mai- ſon ; s'il m'avoit crue, cela ne ſeroit pas arrivé ».

(1) Nous ſommes inſtruits que quelqu'un oſe renouveller encore dans Paris cette calomnie & d'autres ſemblables, que même, pour y donner plus de poids, il ſe cite comme ayant des connoiſſances perſonnelles ; nous ſommons quelqu'un, quel qu'il ſoit, ou tous autres qui tiendroient, ſoit ſourdement, ſoit publiquement, des diſcours de ce genre, de faire remettre à M. le Rapporteur, ou aux Défenſeurs des Calas, une déclaration ſignée d'eux des faits dont ils ſe diront bien certains, ce qu'ils ne doivent pas craindre de faire, dès-là qu'ils prétendront avoir une connoiſſance perſonnelle, qui *les exemptera en Juſtice de toute action de calomnie* ; que s'ils n'oſent accepter ce défi, nous les conjurons de réfléchir quel nom méritent une conduite qu'on n'oſe ſoutenir, des allégations qu'on n'oſe ſouſcrire ; nous les prions de conſidérer que le véritable honneur d'une Nation eſt que des innocens ſoient abſous & vengés, & qu'on la deshonore bien plus en y ſuppoſant trop légérement le plus affreux des crimes.

(2) Eſpece de clou dont la tête eſt percée annulairement.

On détaille, on développe la prétendue délibération tenue pour l'affaffinat. Par une noirceur plus
profonde , on affecte de défigner dans le Procès-
verbal , fous le nom *d'une efpece d'Abbé* (pour
dire un Miniftre), le fieur Cazeing, gros Marchand de Touloufe, parfaitement connu du Capitoul David qui lui donnoit cette indication , &
dans la maifon duquel on plaçoit l'affemblée. On
avoit, dans le Monitoire, fait *mettre Marc-Antoine
Calas à genoux*. Dans un *intendit* du Procureur du
Roi on change cette attitude trop fuppliante , &
on le *fait affeoir ou coucher fur deux chaifes*. On
commence par fuppofer aux Accufés, qu'il eft
prouvé que la corde a été coupée ; & de-là on
veut faire naître des contradictions entre eux fur
ce qu'ils ont répondu comme fi elle l'avoit été.
On fait dire au jeune Lavayffe par fon propre
pere (qu'on trompe le premier) qu'*il y a des
charges plus que fuffifantes contre les Calas , &
qu'il ne doit plus penfer qu'à conferver fa vie* : tous
faits dont il n'y avoit & n'y a jamais eu la plus
légere charge au Procès ; toutes inventions qui
annoncent jufqu'où le délire de la prévention peut
entraîner les hommes , une fois qu'ils fe font écar-
tés des voies que la Loi & la Juftice ont tracées
à leur foibleffe.

Combien d'autres reffources plus odieufes encore on employa pour tromper ces Accufés, pour foulever une vile populace contre eux, pour fufciter quelque dépofition du milieu de ces têtes échauffées par des mouvemens & des fpectacles deftinés à les faire regarder comme coupables !

Ne favez-vous pas, dit affirmativement un Capitoul à la Dame Calas dans un interrogatoire, *qu'un pere eft le juge fouverain de la religion de fon fils ?* pour tirer de cette queftion propofée comme axiome, quelqu'approbation de fa part, d'où l'on pût violemment conclure qu'elle avoit confenti à l'affaffinat du fien. Et quand Pierre Calas fon fils céda, ou crut céder aux attaques de quatre Théologiens qu'on avoit envoyés pour changer fa croyance, n'eût-on pas l'inhumanité d'obliger un Miniftre de charité & de paix de conduire le fils à la mere, parce qu'on attendoit du déplaifir que lui donneroit cette nouvelle, le perfide fecours de quelqu'argument de parité contre cette vertueufe mere (1), de quelqu'indice de fa conduite envers fon fils Marc-Antoine ? Ainfi, la Religion même, cette fidele confolatrice des mal-

____

(1) La modération de cette refpectable mere mit en défaut ce rafinement de perfécution ; elle écouta paifiblement fon fils, & fans lui dire un feul mot, elle tourna la tête.

heureux , étoit employée à tendre des piéges à la Nature!

Ne fut-ce pas aussi dans le même esprit d'obtenir un succès quel qu'il fût, que le Capitoul David s'inclinant vers le jeune Lavaysse, lui conseilla à voix basse d'écrire (1) à son pere des Lettres, qu'il s'offrit de porter, & qu'il garda ? Heureux du moins, si la naïveté, si la vérité de ces Lettres eussent dissipé cette prévention funeste qui l'entraînoit à une violation si honteuse!

Ne le vit-on pas encore, pour ranimer le Fanatisme languissant, insinuer que les Accusés méditoient leur évasion ; affecter des mouvemens empressés, redoubler les gardes, placer des lanternes sur le *couvert* des prisons, faire attacher au corps-de-garde une cloche qui répondoit à la chambre du Geolier; toutes précautions d'après lesquelles

(1) L'on m'avoit fait descendre au Consistoire pour subir un de mes interrogatoires. Le sieur David étoit chargé de le recevoir ; il me fit asseoir à son côté , *& se penchant sur moi , il me dit à l'oreille* que si j'avois quelque lettre ou billet à faire tenir à mes parens , il se feroit un plaisir de s'en charger. Je saisis avec joie cette facilité , j'écrivis *très-souvent* à mon pere. Le sieur David , QUI RETENOIT MES LETTRES , n'avoit garde de m'apporter aucune réponse. J'étois loin de soupçonner une pareille infidélité; mais ce qui m'a toujonrs étonné , c'est que malgré les assurances que je donnois à mon pere de l'innocence des Calas , ce Capitoul n'ait jamais rien perdu de la prévention qu'il avoit contre eux. *Mém. du jeune Lavaysse , page* 11.

l'imbécille vulgaire s'écrioit : *Ils font donc convaincus , ils vont donc être envoyés au fupplice ?*

N'affectoit-on pas auffi ; toujours dans les mêmes vues , de répandre que les Accufés avoient tenté plufieurs fois de fe défaire; qu'on avoit voulu empoifonner l'un d'eux dans fes alimens ? Cés bruits abominables n'acquirent-ils pas une telle confiftance, qu'un jour la Servante étant tombée en foibleffe & fans connoiffance, on répandit à l'inftant qu'elle étoit morte, qu'on venoit de trouver du poifon dans fon eftomac; nouvelle qui pénétra fur le champ à la Tournelle, dont les Magiftrats, alors en féance , la faifirent avidement, & députerent le Commiffaire des Prifons, l'un d'eux, pour s'en affurer davantage ?

Indomptable prévention ! l'un des plus grands crimes des hommes , & l'un des plus impunis ! Sous quelles faces nous l'allons voir fe reproduire ! Quels autres refforts elle va faire jouer encore pour s'affurer fon coupable triomphe ! Nulles regles ne la contiennent, nulles bienféances ne la moderent, nuls fentimens d'humanité ne la fléchiffent, nulles formes ne l'arrêtent, nulles inquiétudes fur l'avenir ne l'effraient. David a dit : « Les Calas font coupables », il faut que fes Collegues, que fes Compatriotes, le Parlement, la

France entiere les jugent coupables : il faut que lui seul ait la gloire d'en sufciter , d'en raffembler les preuves.

S'agit-il d'entraîner le peuple par la pompe d'un culte religieux qui lui préfente un Saint à invoquer , un Martyr à venger ? Auffi-tôt le Procureur du Roi préfente une Requête pour faire enterrer le cadavre, *attendu* (dit-il) *qu'une foule de motifs en rendoient l'enterrement néceffaire*, fans néanmoins expofer aucun de ces motifs ; & l'on répand dans le Public que ce cadavie exhaloit une infection dangereufe , tandis qu'au contraire on l'avoit embaumé , confervé dans de la chaux vive , & qu'on n'étoit encore qu'au 6 Novembre , qu'au vingt-quatrieme jour de l'accufation.

En vain le fage Curé de Saint Etienne réfifte à cet enterrement, en vain il en repréfente les dangers, on l'affure qu'il n'y en a aucun ; que cet hommage eft dû au vertueux Marc-Antoine, affaffiné en haine de fa converfion ; que l'inftruction établit *clair comme le jour* qu'il devoit inceffamment faire abjuration.

Les Capitouls affemblés en plein Confiftoire, pouvoient rejetter cette demande ; on prend, pour la préfenter, le moment où fe trouvent feuls les sieurs David & Chirac, Capitouls ; & deux Assesseurs, Officiers que les Capitouls ont droit de destituer arbitrairement , & dont les suffrages se trouvent ainsi dans une sorte de dépendance.

La Chambre des Vacations infirmera sans doute l'Ordonnance qu'ils rendent : quel parti prendre pour parer à ce danger ? Celui de violer la Loi , celui de ne pas communiquer la Sentence à cette Chambre, & l'on prend à la hâte le consentement verbal de deux Magistrats qui la président.

Enfin quand on a franchi tous ces obstacles, on regarde comme un coup décisif de frapper le Peuple par un enterrement pompeux , qui puisse augmenter sa chaleur ; fortifier ses préjugés, encourager ses conjectures & ses discours. On choisit le jour du Dimanche, l'heure de trois heures. On ajoute à la marche pompeuse de cinquante Prêtres, l'assistance imposante des Pénitens blancs, qui comptent plusieurs Magistrats parmi leurs Membres, qui ne vont jamais à aucuns enterremens qu'à ceux de leurs Confreres , & l'on étale enfin ces fêtes meurtrieres dont nous avons tracé plus haut les terribles effets.

S'AGIT-IL d'avoir un Rapporteur qu'on puisse croire plus favorable à l'accusation qu'aux Accusés ? M. Monier, Assesseur , qui avoit assisté à toute la procédure, qui se trouvoit chargé du rapport, est écarté ; on lui suscite une contestation (1) humi- liante, dans laquelle il remporte à la vérité l'avan- tage, mais qui le met dans le cas de s'abstenir par délicatesse, d'un rapport & même d'un juge- ment sur lequel on avoit osé offenser sa droiture.

Les familles des Accusés, & le peu qui restoit de Citoyens non prévenus, espéroient du moins qu'on feroit entendre en déposition ceux qui, par le résultat des informations, paroissoient devoir parler à la décharge de ces infortunés. Vain espoir dans une instruction où l'aveuglement dirigeoit tous les actes ! On ne fit entendre ni le sieur Bil- liere, qui auroit démenti la Dolmiere, ni le sieur Bou, sa femme & ses Garçons, qui auroient dé- menti l'imposteur Cazeres ; ni le sieur Bernardon, qui auroit confondu le nommé Mandement ; ni

(1) On lui reprocha d'avoir donné des communications aux familles des Accusés ; il rendit plainte de cette calom- nie contre celui qui en étoit l'auteur : un Magistrat supé- rieur arrangea l'affaire, son accusateur lui fit des excuses ; le sieur Monier, par honneur pour lui-même, fit le rap. port pendant une premiere séance, & se déporta ensuite du rapport & même du jugement.

C'est ainsi que M. de la Salle, Conseiller, pour avoir témoigné, en conversation seulement, sa répugnance à croire facilement un parricide, s'est abstenu du jugement. Pourquoi faut-il que la méchanceté soit si active, & la vertu si circonspecte & si paisible ?

le sieur Bienaise, qui auroit détruit la déposition de Terrery, son Commis ; ni le sieut Maisons, qui auroit fixé avec précision la valeur de celles de ses deux Garçons ; ni le témoin indiqué par Me Challier dans sa déposition , ni le sieur Teissier, Secrétaire de M. le premier Président , qui par une longue amitié connoissoit mieux que personne l'intérieur de la famille Calas , les dispositions de M. A. celles de ses parens, ni M. de la Motte, Conseiller au Parlement de Toulouse , qui auroit attesté le Protestantisme ferme du mort , & les bontés du pere lors de la conversion de Louis ; ni le propre Curé de Marc-Antoine, qui auroit dé- posé sur le certificat de Catholicité refusé par lui, sur le défaut de connoissance & de préparatifs de sa part pour la prétendue abjuration prochaine, en un mot, sur tous les faits relatifs à son minis- tere, desquels auroient résulté de nouveaux secours pour l'innocence.

Mais en revanche, tout ce que la surprise, la duplicité, l'oppression, la terreur peuvent susciter contre des Accusés, fut mis cruellement en œuvre au nom des premiers Juges.

On alla jusqu'à donner pour compagne de pri- son & de lit à la Servante des Calas, une misé- rable condamnée au fouet & au bannissement,

qui

qui voulut se faire valoir par une déposition capi-tale, & qui étant selon les Loix incapable de la faire entendre elle-même, la fit proférer par la bouche de sa mere ; déposition que David adopta bien vite, mais que la Tournelle plus équitable réprouva hautement, en empêchant que la mere de cette malheureuse fût ni recolée ni confrontée.

Et voyant que malgré tant de mouvemens, les charges rendoient si peu contre les Accusés, il s'é-crioit avec un air d'emportement & de douleur ; « *vous verrez que nous serons obligés de faire le* » *procès au cadavre !* » Discours bien digne d'un homme qui, honoré du caractere de Juge, se dégradoit jusqu'à dire avec le langage d'un ques-tionnaire : « *Je vois qu'il leur en coûtera quelques* » *tours de question, qui à coup sûr feront ruisseler* » *le sang* ».

Ce furent ces emportemens qui, le mettant hors de lui-même, l'empêcherent de faire faire régu-lierement les confrontations.

Mais de-là une nouvelle violation de l'ordre public & de la Loi ; car les premiers Juges ayant déclaré ces confrontations nulles, en ayant ordon-né de nouvelles, quel fut celui qui osa y présider encore ? Ce même David à qui la Loi défendoit de les faire.

F

Ne fut-ce pas lui auſſi qui ſeul avec M^e. Chirac (ce Capitoul qui avoit comme lui concerté l'enterrement fatal) opina dès le 18 Novembre à ce que le pere fût rompu, la mere & le fils pendus, Lavayſſe & la Servante bannis ; quoique le rapport (1) même, ſi peu attendu par lui, eût été à ce que les *Accuſés fuſſent relaxés* ; quoique la Sentence , *long-temps débattue*, *ſe réduiſît à la queſtion* ; quoique la Tournelle enfin ne vît lieu qu'à ordonner une continuation d'information , là où cet homme de ſang oſoit déja opiner à la mort.

N'imagina-t-il pas de ſon chef contre le jeune Lavayſſe & la Servante , la ſinguliere formule qu'ils ſeroient *préſentés* à la queſtion, formule que la Tournelle proſcrivit par le premier de ſes Arrêts , en défendant expreſſément aux Capitouls d'employer à l'avenir des prononciations ſemblables ?

Enfin , malgré l'appel des Accuſés, qui les affranchiſſoit de la Juriſdiction des Capitouls, ne le vit-on pas avec le Procureur du Roi, leur faire mettre auſſi-tôt les fers aux pieds, comme pour les punir d'avoir appellé, & raſſaſier ſes yeux de ce ſpectacle cruel, ſans que le pere du ſieur La-

---

(1) Il fut fait par Me Carbonnel Aſſeſſeur, ſucceſſeur de Me Monier dans ce rapport.

vaysse pût obtenir qu'on les lui ôtât, en offrant de payer à ses frais autant de Soldats qu'on en voudroit ordonner pour sa garde ?

Le sort des Accusés ne fut pas plus heureux sur l'appel. L'opinion qu'ils étoient coupables, cette opinion terrible dont le sieur David fut le principal artisan, les suivit devant leurs nouveaux Juges, & excita fortement une rigueur qu'ils ne regardoient sans doute que comme un acte de devoir & de justice. A quelle autre cause en effet, qu'à cette opinion trop promptement prise, attribuerions-nous la précipitation extrême, d'avoir mis sur le Bureau dès le 5 Décembre le Procès à juger pour le fond, lorsqu'il n'y avoit pas même assez de Juges (1) de Tournelle à Toulouse pour faire Arrêt, lorsque l'appel même du Monitoire étoit pendant en la Grand'Chambre ? Ainsi, par le plus affligeant contraste, dans l'un des Tribunaux, des voix condamnoient déja Calas à la roue ; dans l'autre il proposoit des moyens pour faire tomber l'odieux Monitoire, & toute l'instruction avec lui ! Par quelle fatalité l'Avocat qui s'étoit chargé de plaider l'appel comme d'abus, ne se présenta-

______

(1) On fut obligé d'aller au Bureau de la Grand'Chambre, où se trouva seul [n'y ayant alors aucun travail] un Conseiller qu'on amena à la Tournelle, & qui n'opina certainement pas pour les Accusés.

t-il point , & comment une Cause si belle resta-
t-elle sans défenseur ? Pourquoi trois des Juges ne
se recusoient-ils pas , (1) deux pour avoir approuvé
l'Ordonnance d'enterrement , qui écartoit toute
idée de suicide , qui donnoit évidemment à la
mort de Marc-Antoine la prochaine abjuration
pour cause ; l'un d'eux encore pour avoir dit aux
filles du sieur Calas , qui sollicitoient sa justice
pour leur pere , *vous n'avez plus d'autre pere que
Dieu* ; le troisieme (qui dès l'Arrêt du 5 Décembre avoit déja opiné à mort) , pour s'être plaint
plusieurs fois , & notamment dans une grande
assemblée , que son avis n'eût pas été suivi , quoique dès-lors Calas pere fût , disoit-il , suffisam-
ment convaincu de parricide ? N'étoit-ce pas là
des causes graves de récusation ? Et comment de
leur propre mouvement ces Magistrats ne s'y ren-
doient-ils pas , si ce n'est que parce que les pro-
fonds artifices de David leur avoient persuadé
qu'il s'agissoit bien moins de juger les Calas coupables , que de leur arracher l'aveu de leur crime?

Au moins la ressource de présenter des récusa-

(1) Ce ne fut pas ainsi qu'en agit le vertueux **M. de La-
salle** , qui , pour avoir parlé en conversation dans des termes
qui annonçoient de sa part une extrême difficulté à croire
les Accusés coupables , se crut obligé (trop délicatement
peut-être) de se recuser , & les priva ainsi d'un suffrage qui
eût été si puissant & si respectable.

tions appartenoit-elle de droit aux malheureux Accusés, sauf à rejetter ces récusations, si on les eût trouvé mal fondées. Mais après l'interdiction de trois mois prononcée contre le Procureur qui avoit donné pour eux une Requête d'inscription de faux, comment en donner une de récusation contre trois premiers Magistrats ? On la dresse néanmoins cette Requête si importante pour les sauver ; mais on exige que la famille apporte un pouvoir spécial : & le malheureux pere, privé de toute communication, de tout secours humain , environné de Soldats, est mort dans les tourmens, sans sçavoir qu'il avoit eu le pouvoir de s'y soustraire en récusant trois de ses Juges !

Daigna-t-on même l'entendre par la bouche de ses enfans , lorsqu'ils proposerent pour lui les *faits justificatifs* les plus frappans, les plus concluans, les plus propres à dessiller les yeux? Fit-on quelque attention à ces déclarations authentiques que fit imprimer Louis son fils, pour désavouer hautement les impostures qu'on appuyoit de son nom, pour attester solemnellement aux Juges la tendresse & les bienfaits d'un pere ? Non , on ne l'écouta point ; & ces faits qui nous touchent si fort aujourd'hui, qui portent une pleine conviction dans nos esprits, qui vengent l'outrage de

la nature, parurent alors de vains subterfuges ha-
fardés pour un coupable dont on veut éloigner le
supplice ?

Ce supplice même, plus cruel peut-être pour
un accusé à concevoir qu'à souffrir, ne le porta-
t-on pas dans l'ame de Calas avant de le condamner ? Ce malheureux vieillard ne fut-il pas glacé
d'épouvante & d'horreur, quand on lui fit traver-
fer avant son Jugement la Place du Palais, cou-
verte en ce moment de Soldats, de Bourreaux,
de feux (1), & de tout l'appareil d'une exécution
menaçante ? Qu'à cette vue il se fût regardé comme
la proie certaine des flammes, & que par un mouvement involontaire de la nature effrayée, il se
fût avoué coupable, comme on l'avoue si souvent
dans les douleurs de la question, on eût crié de
toutes parts à la conviction ; le nom de Calas de-
venoit le nom du crime même ; le Capitoul David étoit un Héros populaire, le vengeur de la
Religion de son Pays ; la Nature étoit souillée
d'un affreux parricide ; & toutefois cette confession arrachée par tant de persécutions , qu'au-

(1) On brûloit alors la Lettre imprimée du Ministre Paul
Rabot, qui défendoit sa Communion du reproche d'autori-
ser l'affassinat des enfans en haine de leur conversion. On
avoit disposé cette exécution avec beaucoup d'éclat, &
l'heure s'en trouva être précisément celle où l'on savoit
que Calas devoit traverser la place pour être conduit à son
dernier interrogatoire.

roit-elle été qu'un crime de plus pour leur auteur ? Mais fi l'inviolable vérité lui défendit cet aveu, du moins cette vue cruelle des flammes & des Bourreaux troubla fa raifon, obfcurcit fes facultés, étouffa fa défenfe : il ne put que bégayer devant fes Juges fur chacune de leurs queftions, *je fuis innocent* : défenfe trop foible contre un fi grand crime ; embarras qui aura peut-être fuffi pour décider contre lui quelques voix incertaines, n'eût-ce été que cette voix prépondérante, voix fatale qui forma l'Arrêt de fon fupplice !

Et voilà par quel art déteftable, vainement coloré du defir de chercher la vérité, (car la vérité n'emploie que des moyens dignes d'elle) on trompa les derniers Juges ; on les affocia, pour ainfi dire, aux excès d'un Capitoul furieux ; on les réduifit, trompés eux-mêmes, à confacrer fes erreurs !

La condamnation du malheureux Calas ne fut pas pour le fieur David le terme de fa prévention infenfée. Il lui falloit encore d'autres victimes. Pour jetter dans l'ame des Accufés cette même terreur qui venoit de perdre le pere, on affecte de les reconduire aux prifons de l'Hôtel-de-Ville, qui font celles des exécutions ; on leur cache l'Arrêt qui furfeoit à leur Jugement ; on les laiffe pendant un long-temps livrés aux craintes les plus finistres : pour les augmenter encore, on double leurs Gardes (1), on vient leur enlever avec un appareil de mort leurs couteaux, leurs meubles d'acier, & tout ce qui peut servir à un prisonnier à attenter sur ses jours ; on leur fait annoncer QU'ILS (2) SONT TOUS CONDAMNÉS ; & pendant qu'on porte ainsi dans leurs ames la certitude d'un supplice qui rend tout déguisement superflu, on épie leurs visages, leurs discours, leurs soupirs, & jusqu'à leur silence ; on les épie sur-tout dans ce moment redoutable, où leur ame abbatue reçoit pour dernier coup la nouvelle de la mort de Calas, où ils doivent enfin avouer un crime pour lequel on va, soit qu'ils le taisent ou qu'ils l'avouent, les conduire à l'échaffaut. Mais leur conscience pure les soutient victorieux ; innocens comme lui, ils vont mourir comme lui ; ils laisseront à leurs Juges l'éternel regret de leur

(1) Au lieu d'un Soldat de garde on en mit deux. Tous les prisonniers qui avoient la liberté de me voir fuyoient loin de moi. Je me crus perdu, *je ne doutai plus de ma condamnation.* Mém. du sieur Lavaysse, page 15.

(2) Le soir de l'exécution, [c'est-à-dire, plus de trente-six heures après l'Arrêt] un des Soldats de la Garde, nommé *Lapierre*, qui venoit d'assister au supplice du sieur Calas, s'approcha de moi, & m'apprit cette affreuse nouvelle. Il ajouta QUE NOUS AVIONS TOUS ÉTÉ CONDAMNÉS, & qu'on ne vouloit cependant nous faire périr QUE LES UNS APRÉS LES AUTRES, afin que notre mort fît une plus grande impression sur le Peuple. *Mémoire du sieur Lavaysse, page 16.*

mort, & persistent à soutenir constamment qu'ils n'ont point assassiné Marc-Antoine.

A cet instant seulement s'ouvrirent les yeux, couverts jusqu'alors d'une nuit profonde, la nuit de la prévention & de l'erreur. Ici seulement commence le triomphe de la vérité ; triomphe tardif, acheté par le sang d'un innocent, par l'assassinat du plus respectable des peres. Et quelqu'un encore pourroit ne pas regarder comme démontrée une innocence, contre laquelle on a employé tant de mouvemens & de ressorts, contre laquelle on a entassé tant d'irrégularités & de manœuvres ; une innocence qui a pu arracher par sa seule force un Arrêt d'absolution à des Juges assez généreux pour s'accuser ainsi en se combattant eux-mêmes ! Mais s'il étoit encore un homme assez aveugle pour douter, qu'il paroisse, & qu'il vienne avec nous chercher une derniere preuve sur l'échaffaut de Calas.

C'est là, c'est sur ce siége d'ignominie & d'horreur que sont assises la vérité, la vertu, la paix, l'innocence. C'est là où nous appellons ceux qui répéteront encore : « Mais quoi, cet homme que vous défen- » dez avec tant de chaleur a été condamné par un » Parlement entier ? » Nous ne leur dirons pas : sept Juges seulement le condamnoient d'abord,

SIXIEME PREUVE.
Héroïsme de la mort de Calas.

dont trois étoient récufables ; & parmi les fix qui l'abfolvoient ou qui ne le condamnoient pas, deux avoient fait toute l'inftruction du Parlement, toutes les auditions , toutes les confrontations ; enforte que fi la juftice avoit eu un libre cours , fi les récufations avoient pu être propofées , il ob-tenoit (1) une abfolution éclatante. Nous ne leur dirons pas : jamais la Tournelle n'a pu, après dix affemblées, envoyer au Confeil du Roi *des motifs* pour défendre fon Arrêt, devenu l'objet d'une réclamation univerfelle. Nous ne leur dirons pas enfin : l'Angleterre elle-même , où la vie des hommes eft confiée à l'unanimité de douze Jurés, a vu condamner (2) à Oxford il y a peu d'années comme parricide un fils innocent, parce qu'il eft plus facile que douze hommes prennent l'erreur pour l'évidence , que de voir un fils affaffiner fon pere , un pere égorger fon fils : mais nous leur dirons pour toute réponfe : « venez, mon-» tez fur cet échaffaut , & voyez fi c'eft ainfi » que meurent les fcélérats & les parricides ».

Quelle mort, grand Dieu, que la mort de Ca-

_____

(1) Il auroit eu alors fix voix pour lui , & quatre feulement contre lui.

(2) Le Théologien qui l'affiftoit au fupplice eft encore vivant : on auroit la preuve juridique de cet événement fi elle étoit néceffaire.

las! Avec quel courage il souffre les douleurs d'une question cruelle, & répond à ses Juges : *où il n'y a point de crime , il n'y a point de complices !* Avec quelle grandeur, en même temps qu'il offre à Dieu le sacrifice de sa vie pour l'expiation de ses fautes, il refuse de remplir une amende honorable qui le supposeroit parricide ! Avec quel touchant attendrissement il répond au respectable consolateur qui le presse : *Et vous mon Pere aussi , vous pourriez croire qu'un pere eût voulu tuer son fils ?* Quelle fermeté paisible en marchant au supplice ! Quelle tranquillité sublime en se voyant attacher sur le siége de ses tourmens. « Citoyens assemblés , se » seroit écrié alors un Fanatique voué à une mort » certaine : cessez de m'accuser & de me plaindre : » j'ai vengé l'injure de Dieu par la mort d'un per- » fide ; si l'amour de la vie m'a fait dissimuler cet » effort de mon zèle, j'abhorre cette lâcheté : je vais » l'expier de tout mon sang, je confesse hautement » une action que je ferois encore , & qui doit dans » quelques instans recevoir une ineffable récom- » pense ». Supposerons-nous au contraire (ce que David lui-même n'a osé supposer) un assassinat qui n'eût pas eu la Religion pour cause ? Alors la désolation, les larmes, un lâche abbatement , des cris horribles , un affreux désespoir, auroient montré à tous les yeux un scélérat se détestant lui-

même, & ravalé au-deſſous du néant par la terreur de ſon ſupplice. Mais entendez le vertueux
Calas, voyez comme il implore la bonté céleſte,
comme il conjure Dieu de ne point imputer ſa
mort à ſes Juges ; comment, en portant ſes regards tendrement attachés vers le ciel, il s'éleve
en eſprit juſqu'à la Divinité, il compare ſon innocence à celle du Rédempteur, & s'écrie avant
l'inſtant fatal qui termine ſa vie : « *Je meurs inno-*
» *cent ; JESUS-CHRIST, l'innocence même, vou-*
» *lut bien mourir par un plus cruel ſupplice. Dieu*
» *punit ſur moi le péché de ce malheureux qui s'eſt*
» *défait lui-même : il le punit ſur ſon frere & ſur*
» *ma femme. Il eſt juſte, & j'adore ſes châtimens :*
» *mais, mon Pere, ce jeune étranger, cet enfant ſi*
» *bien né . . . . comment la Providence l'a-t-elle en-*
» *veloppé dans mon malheur* » ? En vain le fou-
gueux David (1) s'élance ſur l'échaffaut, & veut
troubler la paix de ſes derniers inſtans. Sa vue,
plus cruelle que la mort, n'altere point la ſérénité
d'une ame qui ſe jette dans le ſein de Dieu même.

(1) Trait d'autant plus horrible, que cet homme étoit
étranger à l'exécution, qui ne regardoit que le ſieur Goa-
zé, Capitoul de ſemaine ! Outrage deshonorant pour l'humanité, & qui montre juſqu'où la violence de la paſſion a
pu l'entraîner ! La Juſtice de Sa Majeſté vient d'ordonner la
deſtitution du ſieur DAVID du Capitoulat par un Arrêt de ſon
Conſeil du préſent mois de Février 1765, enregiſtré en
l'Hôtel-de-Ville de Toulouſe.

« *Malheureux*, lui crie cet acharné perfécuteur , » *vois - tu ce bucher qui va réduire ton corps en* » *cendres? Dis la vérité* ». Et lui , le moins malheureux des deux, leve les yeux au ciel , détourne un peu la tête, regarde l'Exécuteur , qui s'avance & met fin à fes tourmens.

S'il eft des cœurs qui puiffent réfifter à de telles preuves , ce n'eft pas pour eux que j'écris. Mais j'écris pour ces Magiftrats vertueux, qui déja deux fois vengeurs des Calas , les vengeroient aujourd'hui pour la premiere fois à la vue d'une défenfe qu'ils trouvent toute entiere au-dedans d'eux-mêmes. J'écris pour montrer à un Sénat augufte combien les paffions des premiers Juges l'ont trompé lui-même , & pour affurer ainfi fes propres vœux au fuccès de cette Caufe importante, que défendent mieux que moi l'humanité & la nature. J'écris enfin pour convaincre de plus en plus ces ames généreufes de la France & des Nations étrangeres, qu'elles ont avec raifon protégé une famille infortunée, & que le malheureux Calas ne pouvant être rappellé à la vie , on doit donner au moins une tendre admiration à fes vertus , une jufte vengeance à fa mort, des fecours à fes enfans, & des larmes à fa mémoire.

Monfieur DUPLEIX DE BACQUENCOURT ,
  Rapporteur.

Mᶜ ELIE DE BEAUMONT, Avocat.

    O Y O N, Procureur.

RAPPORT DES MEDECIN ET CHIRURGIENS, *du 14 Octobre 1761.*

Nous JEAN-PIERRE LATOUR, Profeſſeur Royal en Médecine, ordinaire de l'Hôtel-Dieu S. Jacques de cette Ville, & Nous JEAN-ANTOINE PEYRONNET & JEAN-PIERRE LAMARQUE, Maîtres en Chirurgie de la même Ville, certifions qu'ayant été requis ce matin 14 Octobre à minuit & demi ou environ, de nous tranſporter en la maiſon du ſieur Calas, Marchand à la grande rue, pour viſiter un Corps mort, & qu'ayant prêté ſerment dans ladite maiſon entre les mains de M. DAVID Capitoul pour procéder à cette viſite, nous avons ſoigneuſement examiné ce Corps, qui étoit encore un peu chaud, *que nous avons trouvé ſans aucune bleſſure,* mais avec une marque livide au col, de l'étendue d'environ demi-pouce, en forme de cercle, qui ſe perdoit ſur le derriere dans les cheveux, diviſée en deux branches ſur le haut de chaque côté du col; rendant de la morve & de la bave par le nez & par la bouche, & ayant la face livide : *ce qui nous a fait juger qu'il a été pendu encore vivant, par lui-même ou par d'autres,* avec une corde double qui s'eſt diviſée ſur les parties latérales du col, & y a formé les deux branches livides que nous avons dit y avoir obſervées. Ce que nous certifions véritable. En foi de quoi nous avont ſigné, &c.

ERRATA.

Page 32, lig. 19 & 29, ôtez, ſans aucun intérêt, & liſez lig. 21, vous voulez, ſans aucun intérêt.

www.ingramcontent.com/pod-product-compliance
Ingram Content Group UK Ltd.
Pitfield, Milton Keynes, MK11 3LW, UK
UKHW022111070726
13613UKWH00003B/1001

9 782019 954260